August Schnabel, August Schnabel

Erstes deutsches Lesebuch für Schule und Haus

August Schnabel, August Schnabel

Erstes deutsches Lesebuch für Schule und Haus

ISBN/EAN: 9783743645905

Hergestellt in Europa, USA, Kanada, Australien, Japan

Cover: Foto ©Paul-Georg Meister /pixelio.de

Weitere Bücher finden Sie auf **www.hansebooks.com**

Erstes
Deutsches Lesebuch
für
Schule und Haus.

Nach dem Lesebuch von Schuler neu bearbeitet

von

August Schnabel.

Vierte Auflage.

Philadelphia und Leipzig,
Verlag von Schäfer und Koradi.
1862.

Stereotypirt bei L. Johnson & Co.,
Philadelphia, Pa.

Vorwort.

Die in dieser Fibel angewandte Schreiblese- und Leseschreibmethode hat sich in vieljähriger Erfahrung als die entschieden den Vorzug verdienende erprobt vor derjenigen, die dem noch ungeübten Anschauungsvermögen des Kindes eine doppelte Aufgabe, im Auffassen des Druck- und Schreibbuchstabens zugleich, stellt.

Der Lehrer wird finden, daß, nachdem die Schreibschrift sorgfältig mit dem Schüler durchgeübt worden, dieser sich die Druckschrift mit großer Leichtigkeit und in überraschend kurzer Zeit aneignet; nicht zu vergessen des Vortheils, namentlich für große Elementarklassen, daß dem erstmaligen Einüben des Schreibbuchstabens mehr Aufmerksamkeit geschenkt werden kann, was offenbar eine Erleichterung für den Lehrer und ein Gewinn für den Schüler ist.

Diese Methode ist in den Volksschulen Württemberg's nach sorgfältiger Prüfung und auf die vereinte Empfehlung tausender von Lehrern amtlich eingeführt worden.

Folgende Winke mögen dem Lehrer von Nutzen sein:

Ehe die Schüler die Fibel in die Hand bekommen, sollten folgende kurz angedeutete Uebungen durchgemacht werden:

Vergleichung von Punkten in verschiedener Lage.

Uebung der senkrechten, wagerechten, rechtsschiefen Linien auf- und abwärts, des Eirunds, der Schleifen auf- und abwärts, rechts und links herab.

Neben diesen Uebungen laufen Sprechübungen, bestehend im Aussprechen zuerst möglichst einfacher einsilbiger, dann mehrsilbiger Wörter und Zerlegung derselben in ihre Silben und Laute.

Dem Einüben eines Buchstabens lasse der Lehrer eine sorgfältige Erklärung der Form vorangehen. Sehr nützlich erweist sich hiebei das Bezeichnen des Buchstabens nach der Anzahl seiner Grundstriche und seinen besondern Merkmalen, ähnlich wie beim Taktschreiben.

Der Buchstabe i z. B. wird bezeichnet als einen Grundstrich und einen Punkt enthaltend; u hat zwei Grundstriche und einen Haken; ü hat zwei Grundstriche und das Umlautszeichen; e hat zwei Grundstriche und einen kleinen Ring, u. s. w. Diese Bezeichnung mag auch umgekehrt gegeben werden, z. B. ein Grundstrich und ein Punkt heißen i.

Je nach Umständen und Fähigkeit der Schüler wird diese Art von Einübung durch das ganze kleine Alphabet oder nur durch einen Theil desselben fortgesetzt. Der Unterschied zwischen Selbstlaut, Umlaut, Doppellaut und Mitlaut wird jetzt schon hervorgehoben und eingeprägt. Um beim großen Alphabet der Schreibschrift ohne Aufenthalt und unbeschadet der Gründlichkeit fortschreiten zu können, dürfte die Einübung desselben beginnen, sobald die Schüler im Lesen der kleinen Schreibschrift etwas erstarkt sind.

Philadelphia im Februar 1860.

Erster Theil.

Der Schreibleseschüler.

---

i n — in ni

ŭ — ŭn nŭ nnŭ

ü — ün nü

m — im ŭm üm — mi mŭ mü

e — ne nen — en nen mei-nen

ni — nin nein — nni mnei nnein

mnein

. i n ŭ ü m e ni

ſ—ſi ſu ſü ſe ſei ſen ſein

eu—neun neum—neu meu ſeu neuen

d—id ud üd ed eid eud müd

ſeid neid—di du dü ze dei

deu den dem dein

o—oſ on od om—no ſo mo

dom do-ſe mo-de

ö—öd öſ öm ön—ſö dö mö

a—an am ad—na ma da ſa

man nam da-men ſo-da ma-de

ä—än äm äd—ſä nä mä

i e o u a ö ü ä ei eu

jü=der

ei — ein eid rein sei mein

g — ig ug üg eg og ög ag äg

eig aug rig sag mag neig

säg sag — gi ge gö gä geig

au — aug saum dau=men mau=sen

l — al el il ol ul öl äl ül

eul heil saul — lei lä lö

lü lag leg lein leim li=ne

lau=ge lü=ge so=le e=li

b — ib eb ub eib ob ab lob leib

laib laub — bü bä bau beu bö

bub bad bein baum beu-le

bö-ſe

e n d ſ j g l b

äu — äug äul äub ſäu-me ſäu-le

ſäu-ge bäu-me mäu-ſe

f — if uf ef üf af äf auf

lauf — fei feu fäu fo fö

faul fei-ge fe-de fäu-le

h — he hi ho hu ha hö hü

hei heu hai häu häu — hin

hof hau-be heu-len

ch — ich ach euch auch eiche

dich buch hoch fach hauch

bäu-che su-che am bä-che

sch — äsch üsch ausch fisch

husch busch — sche schau schö

schaf schön schäu-men schei-be

ei eu ai au äu

t — aut eit ait äut eut mit

hut haut — tä tö tü ton

tag tö-ne beu-te läu-ten

k — ka kä ke kö ku kü kein

keim kain kauf keu-le

s — aus eis haus mais leis

maus das gas im haus

e m ſ d j g l b f h ch

sch t k s

r — ir or ör ur für bär gar

dir — rä rau rü rei rasch

rausch ra-be räu-ben rei-ten

w — wi we wau wö wä wor won

won wa-ſe mö-we ja-wa

v — va ve vau vü vo vas

veil vorn vä-gen va-schen

vo-für ve-ſen vo-gen

z — zi za zo zä zü zäu

zug zeug zisch zeit zei-

sig zäu-men zü-gel za-gen

ß — iß eß aß maß fiß buß ßa-ßen

h — öh uh äh eh ih auh äuh

rauh — he hü hei hol heim

haul hof ha-ha

qu — qui que qua quä qual

quer quä-len

l m n r ſ s z

b p d t g k qu

f v w h ch sch

ſt — iſt oſt eſt öſt üſt niſt

liſt neſt luſt gaſt moſt

fauſt geiſt

---

das haus iſt hoch. wo iſt der oſt? dein buch iſt ſchön. wo iſt der fiſch? gut iſt der wein und moſt. max war bei mir, ſein haus iſt grün am weg. paul mag ich nicht, er ist so bös.

---

aa — aal aas saal saar.

ee — see meer heer beet.

oo — loos moos boot moor.

ie — die nie sie wie sieb lieb dieb hieb viel ziel bier vier.

ich — wich sich zich lich.

ah — lahm zahl kahn.

eh — reh weh zehn mehl.

ih — ihn ihm ihr.

oh — Lohn Sohn Ohr Rohr.

uh — Uhr Kuh ruhen Huhn.

äh — jäh zäh nähen mähen.

öh — Öhr Höhle Röhre Söhne.

üh — kühl kühn Mühle.

sch — schon Schal Schnee Schau.

---

ff — Schiff Riff puff Affe.

ll — Ball Fall quell soll toll.

nn — Mann Sinn dünn kann.

mm — Lamm Damm Kamm.

rr — Narr Herr dürr.

ß = ss — roß rosse biß bisse

schuß schüsse nuß nüsse.

tt — schutt matt bett gott

kitt ketten götter retten hütte.

pp — rapp lapp happ suppen.

ck — sack lack dick bock rück

lücke röcke säcke dicke.

tz — sitz satz netz putz.

---

der aal ist ein fisch. das meer ist tief. das mehl ist weiß. der zahn thut weh. die uhr geht gut. der hieb und der fall thut sehr weh. das rind zieht am joch. das moos ist weich. die wolle vom lamm ist fein. das ross hat eine mähne. hell ist der schein der sonne. die katze geht sehr leise. wie sieht die ziege aus?

Zwei Mitlaute nach dem Selbstlaut.

lb kalb gelb — lp alp tulpe.
ld wild gold — lt alt heult.

lf wolf schilf — ls hals puls.

lg talg balg — lk volk kalk.

lm halm schalm — ln köln.

lz filz pilz — lch milch kelch.

lsch welsch falsch.

2.

rb korb — rd wird — rt hart.

rf dorf — rg burg — rk werk.

rl karl quirl — rm warm lärm.

rn garn korn — rr narr herr.

rz harz kurz — rch horch kirche.

rsch marsch hirsch.

3.

nd hand — nt want — ng lange.

ns rans — nd hand mund.

nt bunt — ns gans — nz tanz.

nf hanf — nsch mensch wunsch.

ng hang ring — nk wink dank.

4.

ft gift — cht licht — scht fischt.

bt abt raubt — gd magd.

gt ragt fegt — pf kopf zopf.

chs fuchs dachs — bsch hübsch.

tsch deutsch — ß fuß.

das gold ist gelb. der wolf heult im wald. das holz ist hart. auf dem berg liegt ein dorf. in dem dorf ist die kirche und bei der kirche ist ein thurm. das licht macht man aus wachs, auch aus talg. der hund macht jagd auf den fuchs. das harz kommt von dem baum. der kopf aus gips ist hübsch. der mensch hat viele wünsche.

Zwei Mitlaute vor dem Selbstlaut.

1.

fl flug fleiß — fr frau fritz.

schl schlag schluß.

schr schrei schräg schrift.

schm schmal schmied.

schn schnee schnell schnitt.

schw schwan schwein.

zw zwar zweig zwirn.

2.

bl blei blut blitz blatt.

pl plan platte platz.

br brod breit braun brief.

pr prag präg preis prinz.

gl gleich glatt glas glück.

kl klug klein klar.

gr grau greis grob grün.

kr kranz kreis kraft.

gn gnad gneis.

kn knie knall knabe kniff.

dr drei drück drob drang.

tr treu trüb trotz traum.

st stab staub stolz stock

stich stein stütze.

der fleiß bringt preis. das pferd liebt gras und klee. blei und erz ist schwer. das grab ist tief und still. stab und stock dient dem greis zur stütze. glück und glas, wie leicht bricht das! der schnee deckt das feld, er schützt die saat vor frost. der funke wird zur flamme. am baum ist stamm und ast und zweig.

o O — Obst Ort Ofen Ostern.

a A — Aal Ast Amt Axt.

q Q — Qual Quelle.

g G — Gold Glück Grund

Garn Geige Güte.

s S — Saft Seil Säge.

sch Sch — Schiff Schlaf.

n N — Neid Nacht Nord

Nase Narbe Nelke.

m M — Mann Maus Mai

Miene Meile Münze.

ſt St — Stein Staub Stock.

St — Stamm Stern Sturm.

r R — Ruf Ring Rost Rose

Rinde Raupe.

v V — Vieh Vers Vetter.

w W — Wein Wald Wurm

Wiese Walze Wange.

z Z — Zeit Zelt Zaun Zug

Ziege Zügel.

p P — Pult Pelz Pferd

Pfau Palme Perle.

d D — Dorf Darm Dorn Dose

Dinte Decke.

e E — Erz Ei Eis Eile Erde.

t T — Tag Teig Thurm Traum

Tanne Taube

i I — Iltis Igel Ibis Imbiß.

j J — Joch Jagd Junge.

f F — Fisch Fink Fleisch

Frage Farbe Freude.

l L — Lamm Laub Laune.

sch Sch — Schar Schrift.

l L — Leim Laub Licht
Luft Laute Löwe.

b B — Bein Buch Brod Burg
Biene Blume.

h H — Hut Hof Hund Haare
Henne Hüfte.

k K — Kalb Kind Kopf Krug
Kreide Knabe.

u U — Uhr Ulme Urne.

x X — Xaver. y Y — York.

ö Oe — Oel Oehr. ä Ae — Aehre.

ü Ue — Uebel Uebung.

Der Affe ist ein Thier.

Der Bach fließt in den Fluß.

Bern war eine Stadt.

Ein Chor ist in der Kirche.

Ein Damm ist am Fluß.

Die Eule raubt bei Nacht.

Gold und Eisen ist schwer.

Das Haar vom Schaf ist kraus.

Der Iltis raubt das Huhn.

Ein Jahr hat viele Tage.

Im Kern der Nuß ist Öl.

Das Laub am Baum fällt ab.

Most schmeckt fast wie Wein.

Im Netz fängt man den Fisch.

Das Ohr hört den Schall.

Putz deckt oft den Schmutz.

Die Quelle ist kühl.

Die Rinde schützt den Baum.

Der Saft der Traube ist süß.

Durch Schaden wird man klug.

Stoß und Schlag thut weh.

Spott und Hohn reizt zum Zorn.

Die Taube ist ohne Falsch.

Die Uhr zeigt die Stunde an.

Das Vieh frißt Gras und Klee.

Der Wind wird oft zum Sturm.

Dort ist eine große Stadt.

Wie die Zucht, so die Frucht.

Zusammengesetzte Wörter.

Arm-korb Buch-fink Dorn-busch

Eis-bär Fisch-bein Gras-halm

Hand-schuh Irr-licht Jagd-hund

Koch-salz Laub-frosch Mond-

schein Nacht-licht Ost-wind

Post-haus Quarz-stein Roß-
haar See-hund Schul-buch
Stein-bruch Uhr-band Vieh-stall
Wald-baum Zug-schiff

---

a b c d e f g h i j k l m n o

p q r s ſ ß t u v w x y z

A B C D E F G H I J

K L M N O P Q R

S T U V W X Y Z

1 4 7 2 3 5 6 0. 9 8

1 2 3 4 5 6 7 8 9 0

Zweiter Theil.

Der Leseschreibschüler.

A. Uebung der kleinen Druckbuchstaben.*

1.

i j u n m e o a r x d

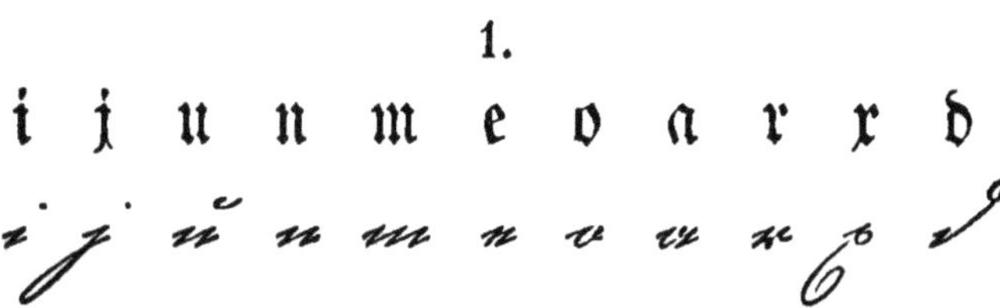

in im um er ix od an am je ja du da mir nur max rom rad den dem dom dir der jede rede jene dame mode rand mund mond.

2.

ü ö ä g ſ f z

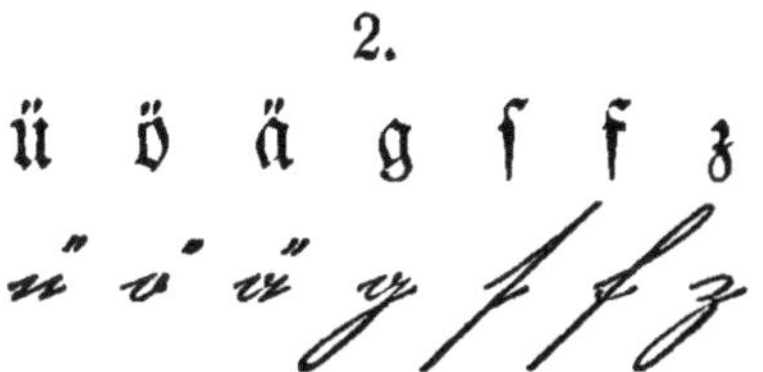

müd ſäg gar für zag mag feg jag — ofen öfen naſe ſamen ſagen mögen zagen ſägen fäden rügen ſarg ſärge ſünde fragen.

---

* Dieſe und die folgenden Uebungen ſollen abgeſchrieben werden.

3.

ei eu l b h ch ſch

ein neu eul bei heu heul euch ſcheu dein reich mein rein nein neid reim neun ſein fein geiz zeug leim bein—ſchule ſcheibe geige feige beule ſuche ſache aſche ſeuche reichen beugen.

4

ai au äu t k v w p s

mai aug gäu main hain raum baum ſchaum hauch rauch mit hut hat tag teich tuch kein keim kaum kauf von vor vom wer war wein weg wach wiſch pein paul pech eis aus was maus haus—haide ſaite waiſe kaiſer pauſe rauſchen tauchen kaufen bäume ſäumen.

5.

qu ng nk ſt chs

qual quer lang bang fang hang rang gang ſing ring fink dank bank zank wink iſt oſt aſt liſt roſt gaſt moſt laſt ſtab ſtich ſteil ſteif ſtaub ochs fuchs lachs dachs ſechs wachs—quäle quaſte weſte kiſte faſten huſten kaſten laſten roſten koſten.

6.

Kleine Sätze zur weiteren Uebung und Befestigung des Gelernten.

im mai ist es recht schön im feld und in dem wald. es rauscht der bach, der fink baut auf den baum sein nest. der rain wird grün, die luft ist mild und warm; da freut sich jung und alt, kind und greis. was regt sich dort im laub und gras? was läuft so leicht durch flur und hain? wo ist der fuchs und dachs? wer macht für uns das wachs?

zum bau vom haus braucht man holz, stein und kalk. die raupe lebt von gras und kraut. meide auch den bösen schein. im winter ist der tag kurz und die nacht lang. mit dem spaten gräbt man die erde auf. aus dem apfel und der birne macht man den most. ein jeder stand hat seine last. schäme dich der lüge.

7.

Wörter mit Dehnungszeichen.

aa der aal, der saal, baar, das paar, der staar, die schaar, die waare.

ee leer, das meer, das heer, das beet, der schnee, der klee, der speer, die seele, die beere, die scheere, die heerde.

oo das loos, das moos, das moor, das boot, die soole, der schoos.

ah — äh lahm, zahm, die bahn, der zahn, die zähne, der kahn, die kähne, zäh, die ähre, die mähne, wählen, spähen.

eh mehr, zehn, das mehl, das reh, der lehm, die kehle, der fehler, der hehler.

oh — öh das ohr, der mohr, der mohn, der lohn, das öhr, der sohn, die söhne, die kohle, der köhler, hohl, die höhle.

uh — üh die uhr, die kuh, der stuhl, der ruhm, kühl, kühn, die bühne, die mühle, rühmen, führen, fühlen, blühen, glühen.

ih ihn, ihm, ihr, ihre, ihren, ihnen.

ie wie, lieb, tief, vier, der hieb, das sieb, das lied, das ziel, der kiel, die wiese, die biene, die wiege, spielen, frieren.

ieh das vieh, sieh, ziehen, stiehl, fliehen.

th der thee, das thal, der thau, das thier, das thor, der theil, der muth, die noth, roth, die wuth, der koth, die blüthe.

8.

Sätze mit gedehnten Wörtern.

der aal ist ein fisch, sein fleisch ist sehr gut. das vieh liebt klee. der hahn kräht früh morgens. die scheere dient zum schneiden; sie ist kein spiel für das kind. der mohr ist kein moor. das pferd hat eine mähne.

der stuhl hat eine lehne. in der nadel ist ein öhr. in der mühle mahlt man das korn zu mehl. wer stiehlt, ist ein dieb. wer gutes thut, hat frohen muth. der hehler ist wie der stehler. im hofe sind die hühner und der hahn. viele thiere leben in höhlen.

9.

Wörter mit Schärfungszeichen.

ff das schiff, das riff, der stoff, der affe, die waffe, die staffel, der koffer.

ll der ball, der fall, der schall, der zoll, voll, die wolle, die falle, die elle, das füllen.

mm das lamm, der kamm, der damm, der hammer, die kammer, der schimmer.

nn wann, wenn, dann, kann, der mann, die tanne, die wanne, die sonne, die rinne.

pp hopp, rapp, die lippe, die schippe, die kappe, die rippe, die suppe, der lappen.

rr dürr, starr, der narr, der herr, der karren, irren, scharren, dörren, herrschen.

ss—ß das roß, die rosse, der biß, die bisse, die nuß, die nüsse, das faß, die fässer, der schuß, die schüsse, der kuß, die küsse.

tt gott, satt, matt, fett, das bett, der schutt, die ratte, die watte, die bitte, die kutte.

gg die egge, der roggen, die dogge.

ck dick, der sack, der lack, der bock, der pack, der rock, der stock, das glück, der druck.

tz der sitz, der satz, das netz, der witz, der putz, der schütze, die katze, die mütze.

10.

Sätze mit gedehnten und geschärften Wörtern.

das schiff fährt auf dem meer. der schnee fällt in flocken. die eiche hat einen rauhen stamm. die thiere leben im stall, auf dem feld, im wald, auf bäumen, in höhlen, auch im wasser. die schwalbe fliegt sehr schnell. die zehen der katze haben scharfe krallen.

die sonne steigt am himmel auf und nieder. im heißen sommer ruhen wir gern im schatten der bäume. wenn auf dem meere die stürme wehen, so kommen die schiffer in noth. wenn der schnee auf den bergen geht, so schwellen die bäche und flüsse an. stille wasser sind tief. mein kind, wenn dich die bösen buben locken, so folge ihnen nicht.

11.

Besondere Uebung im richtigen Aussprechen.

leib lieb—leid lied—sei sie—reif rief—wein wien—schein schien—keil kiel—feil fiel—reich riechen—schieben scheibe—riechen reichen—weise wiese—reise riese—ziege zeigen—meine miene—seide sieden—schieden scheiden.

aale alle — bahn bann — beet bett — lahm lamm — kahn kann — stiel still — höhle hölle — liebe lippe — wohne wonne — sohn sonne — riese risse — wen wenn — den denn — das daß — ihn in — ihm im — baar paar — baß paß — guß kuß — geck keck — gern kern — dorf torf — gabe kappe — gasse kasse — daube taube — rabe rappe — lüge lücke — für vier — kühl kiel — bürge birke — dir thier thür.

Sätze.

ein schönes lied gibt trost im leid. die uhr zeigt die zeit an; die ziege ist ein thier. aus seide macht man das kleid; das fleisch siedet man im wasser. alle aale sind fische. den garten theilt man in beete; im bette schlafen wir. wo kann man mit einem kahn fahren? den kern der nuß ißt man gern. aus dauben macht man fässer; tauben sind vögel. der rabe ist ein schwarzer vogel; ein schwarzes pferd heißt rappe. zwei mal zwei ist vier; für geld kauft man tuch. das kind soll lernen, daß es klug werde. ein dorf ist ein kleiner ort; der torf dient zum brennen. den löffel hält man am stiel; still soll es in der schule sein.

B. Uebung der großen Druckbuchstaben.

1.

U O A N M D

U O A N M D

Uhr Ulm Ohr Ort Ochs Amt Arm Axt Ast Nacht Noth Neid Netz Mai Maus Mond Mund Dach Dorf Dieb Dorn Dachs Drang— Ulme Unze Ufer Ofen Otter Opfer Aue Affe Anker Nelke Nutzen Nebel Meile Muschel Münze Dohle Donner.

Die Ulme wird hoch und sehr alt. Der Ochs ist groß und stark. Die Axt ist schwer. Die Nelke riecht wohl. Der Mond scheint in der Nacht. Das Alter muß man ehren. Am Ufer des Meeres gibt es Muscheln.

2.

Ue Oe Ae Qu P Z

Ue Oe Ae Qu P Z

Oel Oehr Oehmd Aehre Qual Qualm Quarz Quark Paar Paß Platz Pfund Zug Zahl Zoll Zwirn Zwerg—Uebel Uebung Oefen Aerger Quaste Quelle Quitte Perle Puppe Pforte Platte Zierde Zeile Zucker.

Das Oel ist fett. Die volle Aehre neigt sich. Die reife Quitte ist gelb. Die Perle ist edel, die Zeit ist es noch mehr. Der Ofen heizt das Zimmer. Mit dem Zaum lenkt man das Pferd. Uebung macht den Meister.

3.

G K H T S St Sp Sch

G K H T S St Sp Sch

Gift Gang Glas Glück Kind Kern Kopf Klang Hand Herr Harz Haupt Tag Tuch Teich Torf Topf Sand Salz Seil Stein Stuhl Stich Stück Sturm Spahn Spalt Spott Schaum Schuh Schiff — Gabe Glocke Küste Kette Karte Härte Hüfte Himmel Tafel Traube Säge Salbe Stange Stiege Stunde Spitze Spange Schande Schleife.

Den Klang der Glocke hört man weit. Die Katze frißt die Maus mit Haut und Haar. Naschen macht leere Taschen. Die Tulpe ist schön; aber sie riecht nicht. Die Säge knarrt im Holze. Der Apfel fällt nicht weit vom Stamm. Der Schütze schießt nach der Scheibe. Spare in der Zeit, so hast du in der Noth. Mit Speck fängt man Mäuse. Träume sind Schäume. Scharfe Schwerter schneiden sehr, scharfe Zungen noch viel mehr.

4.

F V B W

Fisch Fels Forst Frost Frucht Freund Feind Vieh Veit Volk Vogt Baum Beil Blei Blut Wolf Wachs Wurm Wirth — Farbe Flasche Frieden Vater Vetter Vogel Vesper Bitte Bürde Bruder Waare Wunder Winter.

Hans ohne Fleiß wird nimmer weis. Vom Flecke zum Zwecke. Die Deutschen sind ein Volk. Böse Saat trägt böse Frucht. Wille ist Werk. Wer die Wahl hat, hat die Qual. Salz und Brod macht Wangen roth.

5.

L E J R

Lob Laub Licht Luft Erz Ei Eis Eid Joch Jagd Jahr Rad Raub Ring Rost Rand Ritt — Lücke Linde Lampe Lippe Erle Ende Eisen Eule Erde Erbe Imme Igel Iltis Jammer Jäger Jubel Junge Juli Rebe Rinde Reiter.

Lust und Lieb zu einem Ding macht alle Mühe leicht und ring. Das Erz gräbt man aus der Erde. Im Juni und Juli ist es warm. Recht muß Recht bleiben.

Uebungen mit mehr als zwei Mitlauten nach dem Selbstlaute.

1.

rſt nſt mſt — warſt hörſt lehrſt wehrſt fährſt führſt mehrſt zehrſt nährſt Durſt Wurſt Fürſt Forſt — kennſt nennſt ſpinnſt kannſt Gunſt Kunſt — rühmſt reimſt ſäumſt leimſt.

Im Forſt lebt Hirſch und Reh. Einſt und ſonſt ſind hinter uns. Geld gibt Gunſt, aber nicht Kunſt. Lerne was, ſo kannſt du was.

2.

rnt rnſt rmt rmſt — lernt warnt lernſt warnſt — lärmt wärmt härmt lärmſt wärmſt härmſt.

Du ernteſt, was du ſäſt. Du lernſt nicht, wenn du lärmſt.

3.

gſt ckſt — lügſt liegſt lagſt ſagſt regſt fragſt plagſt — lockſt weckſt hackſt knackſt.

Der Klügſte gibt nach. Wäg ehe du wagſt. Du lockſt den Vogel in die Schlinge.

4.

lſt bſt lbſt rbſt — willſt ſollſt wollſt — gabſt hebſt liebſt lebſt lobſt ſiebſt Obſt — ſelbſt ſalbſt wölbſt — ſtirbſt gerbſt färbſt Herbſt.

Das Obſt reift im Herbſt. Räche dich ſelbſt nicht. Was du nicht willſt, das man dir thu, das ſollſt du Andern auch nicht thun.

5.

fst chst chts — kaufst läufst hoffst schaffst schiffst — machst lachst kochst suchst — nichts rechts wachts kochts.

Wie du in den Wald rufst, so hallt es wieder. Das reichste Kleid deckt oft viel Leid. Die Eule raubt des Nachts, sie flieht den Glanz des Lichts.

6.

nft lft rft lfst rfst — sanft hilft wirft hilfst schärfst wirfst darfst.

Recht thun läßt sanft ruhn. Lug und Trug hilft nicht aus Noth. Am Stein schärft man das Messer. Du darfst nichts nehmen, was nicht dein ist.

7.

lzt rzt nzt chzt fzt — wälzt salzt — schmerzt herzt scherzt — glänzt grunzt blinzt — jauchzt ächzt — seufzt.

Das Schwein wälzt sich im Koth und grunzt. Das Salz würzt die Speisen. Der Kranke seufzt und ächzt. Es ist nicht alles Gold, was glänzt.

8.

lgt rgt lgst rgst — balgt tilgt — würgt sorgt birgt — balgst tilgst — kargst birgst sorgst würgst.

Die Henne birgt ihre Jungen. Der Fuchs würgt das Huhn. Lernst du mit Fleiß, so sorgst du für dein Glück.

9.

lkt rkt lkst rkst — welkt melkt — stärkt Markt — welkst melkst — merkst wirkst.

Die Blume welkt; auch du welkst einst wie sie. Der Wein stärkt den Mann. Auf dem Markt kauft man Waaren. Merkst du nicht auf, so lernst du nichts.

10.

rcht rchst — horcht Furcht — horchst schnarchst.
Die Furcht ziemt nicht dem Mann. Horchst an der Wand, hörst eigne Schand.

11.

ngs ngt ngst — rings längs — fängt zwingt ringt singt klingt dringt — längst jüngst Angst.

Rings um uns her ist Luft. Fleiß bringt Brod. Ein Wolf im Schlaf fängt nie ein Schaf. Die Angst drängt oft zur Reue. Ehrlich währt am längsten.

12.

nks nkt nkst — links — winkt hinkt sinkt trinkt blinkt dankt schenkt — dankst senkst trinkst.

Wer mit der linken Hand schreibt, ist links. Der Mensch denkt, Gott lenkt. Du dankst, wenn man dir etwas schenkt.

13.

mpf mpft pft pfst — Kampf Dampf Rumpf Sumpf Schimpf — kämpft schrumpft dämpft rümpft — klopft zupft hüpft schlüpft schnupft — hüpfst klopfst — dämpfst kämpfst.

Vom heißen Wasser steigt Dampf auf. Der Krampf macht Schmerz.

Uebungen mit drei Mitlauten vor dem Selbstlaut.

1.

str — stramm straff stracks Strahl Strich Strick Streit Stroh Strauß Strauch Streu Strang Strumpf Strafe Straße Strecke.

Das Stroh gibt Streu für das Vieh. Der Vogel Strauß läuft schneller als ein Pferd. Streit bringt Haß und Leid. Es fällt kein Baum auf einen Streich. Viele Bäche machen einen Strom.

2.

spr — spröd sprich Spreu Spruch Sprung Sprosse Sprache Spritze.

Die Spreu ist leicht. Der Löwe hascht den Raub im Sprung. Die Leiter hat Sprossen. Feindes Mund spricht selten gut. Wenn das Eisen glüht, sprüht es Funken. Das Glas ist spröd, drum bricht es leicht.

3.

pfl — pflücken pflegen Pflug Pflaume Pflege Pflicht Pflanze Pflock Pflaster.

Im Frühling pflückt man Blumen, im Herbst Früchte. Reife Pflaumen und Zwetschgen sind süß. Der Same keimt und wird zur Pflanze. Der Bauer pflügt das Feld mit dem Pflug. Ein gutes Kind thut seine Pflicht. Die Mutter pflegt das kranke Kind.

4.

pfr — Pfriem Pfropf. Der Pfriem ist von Stahl, der Pfropf von Kork.

5.

skl — Sklave. Der Sklave hat ein hartes Loos.

Leichter Lese- und Denkstoff.*

1. Das Brod.

Das Brod backt man aus Teig. Den Teig macht man aus Mehl. Das Mehl macht man aus Korn. Das Korn wächst auf dem Feld. Der Bauer säet das Korn auf das Feld, und Gott gibt seinen Segen, daß es wächst.

2. Die Milch.

Die Milch kommt von der Kuh und von der Ziege. Die Milch ist süß und schmeckt sehr gut. Das Fett der Milch heißt Rahm. Aus Rahm macht man die Butter. Die Butter streicht man auf das Brod; das schmeckt

* Jedes dieser Lesestücke wird zum Abschreiben aufgegeben.

sehr gut. Auch Schmalz macht man aus Butter. Wie macht man das? Aus was macht man den Käse? Aus Milch und Mehl kocht man auch Brei.

3. Das Fleisch.

Das Fleisch kommt von der Kuh, vom Kalb, vom Rind, vom Schwein, vom Hirsch, vom Reh, vom Huhn und von der Gans. Von wem ißt man noch mehr das Fleisch? Das Fleisch schmeckt gut und gibt uns Kraft.

4. Das Obst.

Das Obst wächst auf dem Baum. Wie heißt ein Baum, der Obst trägt? Wann ist das Obst reif? Ist das Obst auch gut, das noch nicht reif ist? Nur reifes Obst ist gut. Aus Obst macht man den Most. Der Most ist süß; doch bleibt er nicht stets so.

5. Die Kirsche.

Die Kirsche ist schön roth und oft auch schwarz; sie schmeckt sehr süß und gut. Im Mai ist sie oft schon reif. In der Kirsche ist ein Stein, und in dem Stein ein Kern; doch ist der Kern nicht gut.

6. Die Birne.

Die Birne schmeckt auch gut und süß. Wie heißt der Baum, auf dem sie wächst? Sie hängt mit dem Stiel an dem Zweig. Der Zweig ist an dem Ast, der Ast am Stamm. In der Birne ist kein Stein; was denn?

7. Die Beere.

Die Beere wächst am Strauch. Sie sieht schwarz, roth, gelb, braun aus. Es gibt auch Beeren, welche man nicht essen darf. Sie bringen Schmerz und Tod. Sei auch die Beere noch so schön, kennst du sie nicht, so laß sie stehn.

8. Das Pferd.

Das Pferd ist groß und schön und stark. Sein Schweif ist lang und reich an Haar. Es schlägt gern aus, drum geh nicht nah zu ihm! Das Pferd läuft schnell; man lenkt es mit dem Zaum, rechts und links, wie man will. Man nennt das Pferd auch Roß und Gaul. Es gibt weiße, schwarze, braune, rothe Pferde.

9. Der Ochs.

Der Ochs ist nicht so groß, als das Pferd, doch ist er auch sehr stark. Der Ochs stößt mit dem Horn, drum nimm dich ja in Acht vor ihm. Der Ochs frißt Gras, Heu, Oehmd, Klee und Stroh. Man spannt ihn in das Joch. Er zieht den Wagen und den Pflug; doch läuft er nicht so schnell, wie das Pferd.

10. Die Kuh.

Die Kuh ist fast so groß, wie der Ochs, und sieht ihm gleich an Haut und Haar. Sie gibt uns Milch. Man spannt sie auch oft in das Joch. Sie frißt auch Gras, Klee, Heu, Oehmd und Stroh. Was macht man aus der Haut von Ochs und Kuh und Pferd?

11. Das Schwein.

Das Schwein wälzt sich gern im Koth und Schlamm. Wie wird es da? Ein Kind, das es auch so macht, gleicht fast dem Schwein. Drum sei doch ja stets rein, dann gleichst du nicht dem Schwein. Das Fleisch vom Schwein ist fett. Sein Fett heißt Speck. Der Speck gibt Schmalz; doch ißt man auch den Speck.

12. Das Schaf.

Das Schaf ist gar ein gutes Thier. Sein Haar ist kraus, es heißt Wolle. Aus Wolle spinnt man Garn. Aus Garn macht man das Tuch. Das Junge von dem Schaf heißt Lamm. Es ist gar sanft und zahm. Es beißt dich nicht, es schlägt dich nicht und stößt dich nicht. Es frißt das Brod dir aus der Hand. Was macht man aus dem Fell vom Schaf und Lamm?

13. Der Hund.

Der Hund ist treu. Er folgt dem Herrn aufs Wort und auf den Wink. Auch wenn der Herr ihn schlägt, bleibt er ihm treu, und schützt ihn vor dem Feind. Er wacht des Nachts beim Haus und jagt die Diebe in die Flucht. Auch auf die Jagd nimmt ihn sein Herr. Da sucht er ihm den Hirsch, das Reh, den Fuchs, und was noch mehr?

14. Die Katze.

Die Katze macht dem Kind viel Freude durch ihr Spiel. Doch trau ihr nicht; sie ist gar falsch. Sie kratzt und beißt, wenn man sie reizt. Sie stiehlt das Fleisch oft aus dem Topf. Doch fängt sie auch die Maus und würgt und frißt sie auf.

15. Die Gans.

Die Gans ist dumm; so hört man oft. Doch ist sie uns viel nütz. Denk an ihr Fleisch und Fett! Wie gut ist das! Auch schreibst du mit dem Kiel; und was ist in dem Bett, in dem so weich du liegst? Sinds nicht die Federn von der Gans? Auch legt sie oft ein Ei, das ist sehr groß und schmeckt auch gut. Drum halt sie werth, sei sie auch noch so dumm!

16. Das Huhn.

Das Huhn ist uns viel nütze. Die Henne legt im Sommer fast jeden Tag ein Ei, das sehr gut schmeckt, wenn man es kocht oder backt. Das Fleisch vom jungen Huhn ist zart; man kocht es in der Suppe. Die Henne scharrt im Sand und Dünger; da sucht sie, was ihr schmeckt. Was frißt die Henne gern? Hat sie auch ein Nest? Der Hahn kräht früh und ruft die Leute wach.

17. Das Kleid.

Das Kleid schützt den Leib vor Frost und Schnee und Wind. Man macht das Kleid aus Tuch und Zeug. Man webt das Tuch und wirkt das Zeug aus Garn. Wie heißt der Mann, der Tuch und Zeug macht? Und wie der Mann, der das Kleid macht? Das Tuch ist blau, gelb, grau, roth, weiß, schwarz, grün und bunt. Man färbt es, wie man es gern sieht und wünscht.

Hat das Thier auch ein Kleid? Was für ein Kleid hat der Hund, das Schaf, der Bär, die Gans, der Frosch, der Fisch?

18. Das Hemd.

Das Hemd ist auch von Tuch; doch macht man das aus Flachs und Hanf. Der Flachs und Hanf wächst auf dem Feld. Aus Flachs und Hanf spinnt man Garn; aus Garn webt man das Tuch. Wie wird das Tuch denn weiß? Weiß und rein soll dein Hemd stets sein!

19. Der Strumpf.

Den Strumpf strickt man aus Garn. Das Garn spinnt man mit der Hand und an dem Rad. Den Strumpf zieht man an den Fuß, daß er den Fuß warm hält, und daß der Schuh ihn nicht drückt.

20. Der Schuh.

Den Schuh macht man aus Leder oder Zeug. Wer macht die Schuhe und die Stiefel? Der Schuh und Stiefel schützt den Fuß vor Staub und Koth und Nässe. Ehe man in ein Haus geht, putzt man den Schuh ab, wenn er nicht rein ist. Hat nicht das Pferd auch einen Schuh am Fuß?

21. Der Hut.

Der Hut ist für den Kopf. Man macht den Hut aus Filz, aus Stroh; aus was noch mehr? Aus was macht man den Filz? Der Hut ist rund; doch gibt es auch Hüte, die nicht rund sind.

22. Der Tisch.

Der Tisch steht in der Stube. An dem Tisch und auf dem Tisch schreibt und liest, ißt und trinkt der Mann, die Frau, das Kind, der Knecht, die Magd. Das brave Kind legt, stellt und setzt sich nicht auf den Tisch, auch legt es nicht den Arm und Fuß auf den Tisch, weil das nicht artig ist.

23. Der Stuhl.

Der Stuhl steht auch in der Stube, an der Wand, auch vor dem Tisch. Er ist von Holz und hat Füße, einen Sitz und eine Lehne. Man setzt sich auf den Stuhl, wenn man ißt, trinkt oder müde ist; auch setzt sich auf den Stuhl, wer schreibt, liest, malt, oder wer sonst was thut. Wer macht den Stuhl und Tisch?

24. Die Bank.

Die Bank steht an der Wand. Ihr Sitz ist lang und nicht gar breit. Man setzt sich auf die Bank; oft legt man sich auch auf die Bank, wenn man müde ist.

25. Der Schrank.

Der Schrank steht in der Stube, auch in der Kammer. In den Schrank hängt man das Kleid; er schützt es vor dem Staub und Schmutz. Der Schrank hat eine Thüre und ein Schloß. Wer macht den Schrank, die Bank, das Schloß?

26. Der Krug.

Der Krug ist von Lehm, oft auch von Stein. Aus dem Krug trinkt man das Wasser, den Most, den Wein und das Bier. Der Krug bricht leicht, wenn man ihn stößt und fallen läßt. Was meint das Wort: Der Krug geht so lange zum Brunnen, bis er bricht?

Wörter mit Beisilben.

A. Nachsilben.

1. Hauptwörter.

r, (ler, ner,) in, chen, lein, ling,—ung, (lung, nung,) niß, sal, sel, el, e, heit, schaft, thum,—at, ut, end.

Seiler, Fischer, Glaser, Schiffer, Fleischer, Schüler, Schreiner, Schäfer, Krämer, Töpfer, Wächter, Förster, Bürger, Wähler, Käufer,—Gürtler, Künstler, Händler,—Zöllner, Gärtner, Pförtner, Wagner, Hafner, Flaschner,—Fürstin, Gräfin, Wirthin, Diebin, Köchin, Gattin, Bötin,—Gläschen, Gräschen, Händchen, Städtchen, Dörfchen, Körbchen, Kränzchen, Gräbchen, Röschen, Fäßchen,—Fischlein, Tischlein, Bächlein, Büchlein, Knäblein, Böcklein, Blümlein, Stöcklein, Aeuglein,—

Jüngling, Findling, Liebling, Flüchtling, Neuling, Frühling, Pflegling, Fremdling, Hänfling,—Waldung, Kleidung, Stallung, Haltung, Neigung, Bildung, Festung, —Handlung, Rechnung,—Bildniß, Wildniß, Gleichniß, Bündniß, Fäulniß,—Labsal, Trübsal, Schicksal, Drangsal,—Räthsel,—Wandel, Flügel, Aermel, Würfel,— Tiefe, Dicke, Breite, Stärke, Schwäche, Kälte, Wärme, Nähe, Nässe, Länge, Kürze, Höhe,—Faulheit, Freiheit, Schönheit, Blindheit, Kindheit, Reinheit,—Erbschaft, Feindschaft, Freundschaft, Kindschaft, Dorfschaft, Grafschaft, Landschaft, Wirthschaft,—Irrthum, Reichthum, Wachsthum,—Monat, Heimat,—Armut,—Tugend, Abend, Jugend.

Aufgabe: Schreibet diese Wörter ab mit dem passenden Geschlechtsworte davor.

Der Pförtner wacht an dem Thor. Der Maler ist ein Künstler. Der Gärtner pflanzt und gießt. Die Köchin sorgt für die Speisen. Jedes Würmchen freut sich seines Lebens; quäle es nicht. Fischlein, hüte dich vor der Angel. Im Frühling blühen Bäume, Sträucher und Blumen. Die Festung dient zum Schutz gegen den Feind.

Die Liebe der Eltern und Lehrer ist das beste Zeugniß für das Kind. Viele Menschen bringen sich selbst in Drangsal und Trübsal. Dem Vogel Strauß dienen seine Flügel nur zum schnellen Laufen. Die Zeit hat Flügel. Muth gibt Stärke. Wer einmal lügt, dem glaubt man nicht, auch dann, wenn er die Wahrheit spricht. Fleiß bringt Brod, Faulheit Noth. Reichthum ohne Tugend schafft kein wahres Glück. Thorheit und Stolz wachsen an einem Holz. Junge Schlemmer, alte Bettler.

2. Eigenschaftswörter.

ig, isch, en, ern, bar, sam, lich, icht, haft.

sandig, steinig, blutig, haarig, salzig, rußig, bergig, ölig, zornig, kalkig, wolkig, durstig, fleißig, staubig,— kindisch, weibisch, diebisch, launisch, thierisch, neidisch, närrisch, zänkisch, bübisch, hündisch, städtisch,—golden, tuchen, leinen, hänfen,— beinern, wächsern, gläsern, zinnern, hölzern,—heilbar, kostbar, strafbar, dienstbar, —heilsam, mühsam, furchtsam, sorgsam,—ländlich, sittlich, höflich, herzlich, täglich, jährlich, stündlich, wörtlich, göttlich, männlich, häuslich,—steinicht, haaricht, ölicht, salzicht, teigicht,—ernsthaft, herzhaft, scherzhaft, schmerzhaft, spaßhaft, standhaft, sündhaft, schadhaft.

Aufgabe: Schreibet die Hauptsilbe dieser Wörter auf, z. B. sandig, der Sand; steinig, der Stein.

Das Wasser des Meeres ist salzig. Artig, fromm und rein sollen Kinder sein. Alte Häuser und Thürme werden leicht schadhaft. Ein Kind, das neidisch und zänkisch ist, liebt man nicht. Das Lügen und Stehlen ist sündhaft und strafbar. Schüsseln und Becher sind zinnern, thönern, silbern oder golden. Sei willig und folgsam. Wer kärglich säet, wird kärglich ernten. Sei gegen alle Menschen freundlich und herzlich. Denke täglich daran, daß dein Leben ein Ziel hat.

3. Zeitwörter.

en, ern, eln, nen.

lesen, schreiben, denken, singen, sehen, hören, riechen, schmecken, fühlen, sprechen, sitzen, gehen, liegen, essen, trinken, schlafen, wachen, tanzen, hüpfen, springen, schlagen, klopfen, fliehen, fangen, spielen, läuten, blasen, flöten, geigen, herrschen, horchen, ächzen, seufzen, — zittern, stottern, hungern, rudern, jammern, hämmern, klettern, räuchern, keltern, knistern, füttern, blättern, — handeln, wandeln, stammeln, tändeln, kegeln, zündeln, näseln, rütteln, hageln, streicheln, blinzeln, satteln, spötteln, kränkeln, — rechnen, ordnen, zeichnen.

Frage nicht, was Andre machen, acht auf deine eignen Sachen. Wer sich heute nicht bessert, wird morgen ärger. Wer seinen Schuh kann selber flicken, der darf ihn nicht zum Schuster schicken. Tadeln ist leichter, als besser machen. Der Tischler sägt und hobelt. Der Schmied hämmert das Eisen. Der Hund bellt, der Wolf heult, das Pferd wiehert, der Hahn kräht. Wer stammelt und stottert, kann nicht gut reden. Wer gern gibt, fragt nicht lange. Der Affe klettert leicht auf die höchsten Bäume. Wenn man die Katze streichelt, so spinnt sie. Wer Andern eine Grube gräbt, fällt oft selbst hinein.

Glaub nicht Alles, was du hörst,
Thu nicht Alles, was du magst,
Sag nicht Alles, was du weißt,
Brauch nicht Alles, was du hast,
Kauf nicht Alles, was du siehst,
So bleibst du wohl zu jeder Frist.

B. Vorsilben.

be, ge, er, ur, un, ver, zer, miß, emp, ent, ant.

Befehl, Besuch, Beruf, Beweis, Beleg, Bericht, — bereit, bequem, bekannt, belohnt, beliebt, bejahrt, belobt, berühmt, bemalt, bezahlt, bekränzt, besorgt, — Gebot, Gesang, Gehör, Geruch, Gefühl, Gesicht, Geschmack,

Gefahr, Gesetz, Genuß, Gehalt, Gericht, — gesund, geheim, genau, gewiß, gering, geschickt, gelobt, geliebt, gesagt, gethan, gewirkt, gestrickt, — Erwerb, Ertrag, Erlös, Ersatz, Erguß, Erfolg, Erlaß, — erhört, erlegt, erfreut, erlaubt, erquickt, erschreckt, — Urquell, Urlaub, Urbild, Urtheil, Urwald, Ursprung, — uralt, urbar, — Unart, Undank, Unglück, Unschuld, Unlust, Unfall, Unsinn, — unwohl, ungleich, unreif, unrein, unwahr, unklug, — Verstand, Verkauf, Verlauf, Verdruß, Verlust, Vertrag, — verdient, verkehrt, verwischt, verderbt, verwahrt, verdreht, verarmt, verwandt, — Zerfall, — zerstört, zernagt, zerfleischt, zerdrückt, zermalmt, zerlumpt, — Mißwachs, Mißmuth, Mißgunst, Mißbrauch, Mißton, Mißlaut, — mißglückt, — Empfang, — empfand, empfängt, — Entschluß, Entsatz, — entfernt, entwischt, entlaubt, entehrt, entführt, entweiht, entlarvt, — Antwort, Antlitz.

Ein gutes Kind befolgt den Befehl der Eltern und des Lehrers genau. Gesicht, Gehör, Geruch, Geschmack und Gefühl sind die fünf Sinne des Menschen, und durch seinen Verstand und seine Vernunft kann er denken und wissen, was gut oder böse ist. Von bösen Menschen halte dich entfernt! Wer sich in Gefahr begibt, verdirbt leicht darin. Der Herbst entlaubt die Bäume. Böses Beispiel verdirbt gute Sitten. Für manchen Verlust empfängt man keinen Ersatz.

Der Mißwachs der Früchte ist ein großes Unglück für viele Menschen. Wer auf die Frage nicht merkt, kann keine gute Antwort geben. Geduld und Fleiß erringt den Preis. Unrecht Gut gedeiht nicht. Undank ist der Welt Lohn. Auch der schlauste Lügner wird oft entlarvt und empfängt seine Strafe. Jung gewohnt, alt gethan. Wer sich auf Menschen verläßt, ist verlassen genug. Wer viel fragt, bekommt viel Antwort. Daß Viele unrecht gehen, macht den Weg nicht recht.

Zusammengesetzte Wörter.

1.

Abweg, Abscheu, Absatz, Abschied, Abfall, Abtrag, Abzug, Abschrift; Obdach, Obhut; Ankauf, Anbau, Anfall, Anzug, Anlaß, Anlauf, Ansicht; Inschrift, Inhalt; Einzug, Einsatz, Einsicht, Einfall, Eintritt, Einschnitt; Auszug, Ausruf, Ausfall, Ausschuß, Auswuchs, Aussatz, Ausflug; Vorzug, Vorsatz, Vorrath, Vorwelt, Vorbild, Vorfall, Vorsicht, Vorstand; Nachtisch, Nachlaß, Nachricht, Nachtrag, Nachruhm, Nachtheil; Umweg, Umlauf, Umtrieb, Umschlag, Umguß, Umriß, Umzug; Auflauf, Aufkauf, Aufsatz, Auftrag, Aufschub, Aufruf; Beifall, Beisatz, Beitrag, Beispiel; Mitleid, Mitglied, Mitschuld; Zuzug, Zufall, Zufuhr, Zuflucht, Zukunft; Durchzug, Durchlauf, Durchgang.

Aufgabe: Schreibet diese Wörter ab und setzet das passende Geschlechtswort (der, die, das) voran.

Aller Anfang ist schwer. Das Obdach schützt uns vor Kälte und Hitze, vor Schnee und Regen. Dein Anzug sei stets rein. Beim Eintritt in die Schule sei still und brav. Aufs Eis geh nur mit Vorsicht. Mit dem Armen habe Mitleid. In die Zukunft kann kein Mensch sehen. Der Abschied von den Eltern fällt dem Herzen schwer. Unkraut vergeht nicht. Kein Vortheil ohne Nachtheil.

Aufgabe: Schreibet diese Sätze ab.

2.

Schulbuch, Schulhaus, Tischtuch, Armkorb, Seefisch, Maisbrod, Flußfisch, Eisbär, Handschuh, Beinbruch, Fischbein, Kochsalz, Thurmuhr, Wanduhr, Birnbaum, Weinfaß, Grashalm, Gasthof, Feldfrucht, Strohdach, Leinöl, Pelzwerk, Wachslicht, Talglicht, Mundschenk, Ohrring, Dreifuß, Salzfaß, Strickzeug, Goldschmied, Halsband, Zahnweh, Hausherr, Hauptmann, Sturmwind, Lichtschirm, Sprachrohr, Knopfloch.

Kernobst—Obstkern; Baumöl—Oelbaum; Baumfrucht—Fruchtbaum; Salzstein—Steinsalz; Hausrath—Rathhaus; Ballspiel—Spielball; Zugfisch—Fischzug.

Aufgabe: Setzet das Geschlechtswort vor diese Wörter.

3.

taubstumm, tollkühn, kleinlaut, braunroth, rothbraun, schwarzgrün, grüngelb; eiskalt, eirund, steinalt, aschgrau, blutroth, goldgelb, sternhell, steinreich, fischreich, milchweiß, kohlschwarz, baumstark, grasgrün, wortarm.

Aufgabe: Schreibet diese Wörter ab.

Aus der Frucht des Oelbaums gewinnt man Oel. Das Rindfleisch ist nahrhaft. Das Kochsalz dient zur Würze der Speisen. Das Wachslicht leuchtet heller als das Talglicht. Die Lilie ist schneeweiß. Manche Blumen sind goldgelb.

Das Fischbein kommt vom Wallfisch. Wer nicht hören und nicht sprechen kann, ist taubstumm. Der Sturmwind braust in den Aesten der Bäume.

Aufgabe: Schreibet diese Sätze ab.

Wörter mit drei und mehr Silben.*

1.

betrügen, besitzen, bestrafen, beantworten, bewerkstelligen, ergänzen, erreichen, erwiedern, entschließen, entsinnen, entblöden, empfehlen, empfangen, empfinden, versuchen, verlangen, verunglimpfen, verunreinigen.

abschreiben, anfangen, aussprechen, einziehen, durchdringen, hintertreiben, niederfallen, untergehen, untergraben, überbringen, übertreten, überschwemmen, vorbehalten, vergegenwärtigen.

2.

plauderhaft, arbeitsam, gebirgig, geschwätzig, ungeduldig, unmäßig, unversucht, unerfahren, mißmuthig, unglücklich, vortrefflich, gefährlich, säuerlich, unverzeihlich, unverantwortlich, abentheuerlich, asiatisch, afrikanisch, europäisch, amerikanisch.

dunkelblau, glühendheiß, federleicht, rabenschwarz, kupferroth, wasserreich, unaufhörlich, undurchdringlich, kugelförmig, menschenfreundlich, lobenswürdig, gallenbitter, wankelmüthig, wahrheitsbeflissen.

3.

Bestrafung, Beschäftigung, Bescheidenheit, Gesundheit, Gerechtigkeit, Gesellschaft, Erschütterung, Erzählung, Entdeckung, Entäußerung, Empfehlung, Verbindung, Versicherung, Verdorbenheit, Zertrümmerung, Zerstörung, Zerbrechlichkeit, Unverweslichkeit, Unverantwortlichkeit.

---

* Die Schüler mögen beim Abschreiben dieser Wörter die Silben durch das Trennungszeichen trennen.

Bilderbuch, Blätterreichthum, Abendröthe, Fingerhut, Federmesser, Geldbeutel, Giebelfenster, Handlungshaus, Hobelbank, Jugendgespielen, Küchengeräthe, Laubholzbäume, Mitternachtsstunde, Rechentafel, Sonnenhitze, Straßenpflaster, Schießgewehr, Tagesarbeit, Ueberkleider, Vogelgesang, Winterkälte.

4.

fehlerhafte Arbeiten, regnerisches Wetter, väterliche Warnungen, liebevolle Worte, wasserreiche Gegenden, kupferrothe Menschen, unabsichtliche Beleidigungen, unanständiges Betragen, undurchdringliche Finsterniß, kugelförmige Körper, schuldbeladenes Gewissen, wetterverbrannte Gesichter, zerbrochene Gegenstände, entsprungene Sklaven.

Das Krokodil ist eine große Eidechse. Die Seidenraupe nährt sich von den Blättern des Maulbeerbaums. Das Schneeglöckchen ist uns ein angenehmer Frühlingsbote. Das Eisenhütchen gehört unter die Giftpflanzen. Das abfallende Laub erinnert an den nahenden Winter. Die Fledermäuse kommen in der Dämmerung aus ihren Löchern und flattern zwischen den Häusern umher.

Die Heidelbeeren wachsen in Tannenwäldern. Die Singvögel beleben durch ihren Gesang die Laubwälder. Der Geizige ist gleich dem Habicht; er wird niemals satt. Wo ein Nothleidender seufzt, da bleibt der Wohlthätige nicht fern. Ein freundliches Wort und ein gütiger Blick ist mächtiger als Zorn und Haß. Der menschliche Leib ist wunderbar bereitet. Die Sonnenblume hat ihren Namen davon, daß sie ihren Kelch stets der Sonne zukehrt.

Das Quecksilber ist ein flüssiges Metall. Der Diamant ist der kostbarste Edelstein. Der Johannisbeerstrauch trägt kleine, traubenartig beisammenstehende Beeren, die einen angenehmen, säuerlichen Geschmack haben. Manche der häßlichsten Raupen verwandeln sich in wunderschöne Schmetterlinge. Das Meerwasser hat einen widerlich bittern Geschmack; doch kann man es trinkbar machen, wenn man das darin enthaltene Salz herauszubringen weiß. Auf dem Meeresgrunde leben Millionen von Geschöpfen, die selten oder nie an die Oberfläche des Wassers kommen.

Den Geschickten hält man werth, den Ungeschickten Niemand begehrt. Fleißiger Hausvater macht hurtig Gesinde. Durchs Hörensagen und Wiedersagen wird Mancher auf den Mund geschlagen. Verschüttet Oel ist nicht gut aufgehoben. Aufgeschoben ist nicht aufgehoben. Narrenhände beschmieren Tisch und Wände. Ein Undankbarer schadet zehn Armen. Morgenstunde hat Gold im Munde.

Uebungen im Lesen fremder Wörter.

ph Ph wie f — Philipp, Pharao, Philister, Stephan, Joseph, Sophie, Adolph, Rudolph, Sopha, Geographie.

ch Ch wie k — Chor, Chur, Christ, Chronik, Christoph, Christian.

c C wie k vor a o u — Carl, Cana, Carmel, Conrad, Caspar, Cur, Constanz.

c C wie k vor den Mitlauten l r t — Classe, Creatur, Doctor, Sclave, Confect, Edict, Cataract.

c C wie z vor e i ä — Ceder, Citrone, Cäsar, Scepter.

t wie z vor io — Nation, Station, Variation, Lection.

y Y wie i oder j — Ysop, York, Egypten.

Das Sopha ist ein Zimmergeräth. Die Könige der alten Egypter hießen Pharaonen. Geographie heißt Erdbeschreibung. Chur ist eine Stadt in der Schweiz. Ein Chor von Sängern singt im Chor der Kirche. Das Kind nascht gern Confect. Die Ceder ist ein Baum. Die Citrone ist eine Frucht. Cäsar war ein römischer Feldherr. Der König hat ein Scepter als Zeichen seiner Macht. Ein fleißiger Schüler lernt seine Lection. Die Amerikaner sind eine freie Nation.

Die Lesezeichen.

. Der Punkt.

, Das Komma oder der Beistrich.

; Der Strichpunkt.

: Der Doppelpunkt.

? Das Fragezeichen.

! Das Ausrufzeichen.

' Der Apostroph oder das Auslassungszeichen.

= Das Binde= und Trennungszeichen.

— Der Gedankenstrich.

„“ Das Anführungszeichen.

( ) Die Klammer oder das Einschließungszeichen.

Lesestücke.

---

1. Die vier Jahreszeiten.

Die Wiese grünt, der Vogel baut,
Der Kukuk ruft, der Morgen thaut;
Das Veilchen blüht, die Lerche singt,
Der Obstbaum prangt: der Frühling winkt.

Die Sonne sticht, die Rose blüht,
Die Bohne rankt, das Würmchen glüht;
Die Aehre reift, die Sense klingt,
Die Garbe rauscht: der Sommer winkt.

Das Laub verwelkt, die Schwalbe flieht,
Der Landmann pflügt, die Schneegans zieht;
Die Traube reift, die Kelter rinnt,
Der Apfel lockt: der Herbst beginnt.

Der Sang verstummt, die Axt erschallt,
Das Schneefeld glänzt, das Waldhorn schallt;
Der Schlittschuh eilt, der Schneeball fliegt,
Die Fluth erstarrt: der Winter siegt.

2. Die Sonne und der Wind.

Einst stritten sich die Sonne und der Wind, wer von ihnen beiden am stärksten sei, und man ward einig, derjenige solle dafür gelten, der einen Wanderer, den sie eben sahen, am ersten nöthigen würde, seinen Mantel abzulegen. Sogleich begann der Wind zu stürmen; Regen und Hagelschauer unterstützten ihn. Der arme Wanderer jammerte und zagte; aber immer fester und fester wickelte er sich in seinen Mantel ein und setzte seinen Weg fort, so gut er konnte. Jetzt kam die Reihe an die Sonne. Mit milder und sanfter Glut ließ sie ihre Strahlen herabfallen. Himmel und Erde wurden heiter; die Lüfte erwärmten sich. Der Wanderer vermochte den Mantel nicht länger auf seinen Schultern zu erdulden. Er warf ihn ab und erquickte sich im Schatten eines Baumes, indeß die Sonne sich ihres Sieges erfreute.

Camerarius.

3. Der kleine Gernegroß.

War einst ein kleiner Gernegroß,
Fünf Jahre alt und ein halbes bloß.
„Ei," spricht er, „ich bin nicht mehr klein,
Ich kann wohl gar ein Herre sein."

Er nimmt des Vaters Rock und Hut
Und läuft hinaus mit stolzem Mut,
Und merkt es nicht, der kleine Tropf,
Daß halb im Hute steckt der Kopf.

Und alle Leute bleiben stehn
Und lachend auf das Herrchen sehn:
„Ei Hut, was hast du denn im Sinn?
Wo willst du mit dem Jungen hin?"

4. Die junge Maus.

Eine junge und eine alte Maus kamen an einer Falle vorbei. Die junge Maus roch den frischen Speck in der Falle und wollte davon fressen. Die Mutter aber sprach: Kind, thue das nicht! die Falle wird dich fangen. Doch die junge Maus kehrte sich nicht daran, lief hin, fraß und war gefangen. Jetzt schrie das Mäuschen, allein die Mutter konnte ihr nicht helfen; sie beklagte ihr Kind und sprach: Warum hast du dich nicht warnen lassen?

Liebe Kinder! was lehrt euch diese Fabel?

5. Thiere.

Hirsch, Krebs und Hund, Frosch, Gans und Fuchs,
Wolf, Hering, Biene, Molch und Luchs,
Der Zeisig, Falke, Kiebitz, Dachs,
Der Affe, Igel, Staar und Lachs,
Die Ratte, Elster und die Maus,
Auch Schnecken mit und ohne Haus,
Kühe, Fliegen, Karpfen, Schwäne,
Pferde, Ziegen, Schlangen, Hähne,
Störche, Mücken, Raben, Flöhe,
Eulen, Wachteln, Katzen, Rehe,
Schafe, Rinder, Aale, Hechte,
Schweine, Schwalben, Kröten, Spechte,
Und wer weiß von euch noch mehr,
Komm' zu mir, und sag' sie her.

6. Das Goldfingerchen.

Das Goldfingerchen hatte einen Ring angezogen mit Edelsteinen und Perlen, die glänzten wie der Sonnenschein auf dem Wasser. Da wurde das Goldfingerchen hochmüthig und wollte nicht mehr mit den andern gehen, und sagte: „Ich bin besser als ihr andern alle." Als das die übrigen Finger hörten, wurden sie zornig, und der Daumen sprach: „Willst du nicht mehr mit uns gehen, so wollen wir auch nicht mit dir gehen, und dir gar nichts mehr helfen." Und so blieben sie drei Tage unwillig gegen einander. Da wollte das Goldfingerchen ein Blümchen pflücken, aber der Daumen sprach: „Ich helfe dir nicht, weil du so hochmüthig bist;“ und es mußte die Blume stehen lassen. Hernach wollte es eine Kirsche vom Bäumchen brechen; aber die andern wollten nicht helfen, weil es so hochmüthig war, und es mußte die Kirsche hängen lassen. Darauf wollte es ein Strümpfchen stricken; allein die andern wollten nicht helfen, weil es so hochmüthig war, und es konnte nicht stricken und mußte die Stricknadeln fallen lassen. Da sah es, daß es nichts machen konnte ohne die andern, und es war ihm leid, daß es so hochmüthig gegen seine Geschwister gewesen war. Und es weinte laut und bat sie um Verzeihung. Als sie das sahen, da wurden sie ihm wieder gut und halfen ihm wieder, und die Finger wurden nun niemals wieder uneinig.

Curtman.

7. Das Büblein auf dem Eise.

Gefroren hat es heuer noch gar kein festes Eis,
Das Büblein steht am Weiher und spricht zu sich ganz leis:
„Ich will es einmal wagen, das Eis es muß doch tragen;
Wer weiß?“

Das Büblein stampft und hacket mit seinen Stiefelein;
Das Eis auf einmal knacket, und krach! schon brichts hinein—
Das Büblein platscht und krabbelt als wie ein Krebs, und zappelt
Mit Arm und Bein.

„O helft, ich muß versinken in lauter Eis und Schnee;
O helft, ich muß ertrinken im tiefen, tiefen See!“
Wär' nicht ein Mann gekommen, der sich ein Herz genommen:
O weh!

Der packt es bei dem Schopfe und zieht es dann heraus;
Vom Fuße bis zum Kopfe, wie eine Wassermaus,
Das Büblein hat getropfet; der Vater hat's geklopfet
Zu Haus.

Fr. Güll.

8. Das kostbare Kräutlein.

Zwei Mägde, Anna und Martha, gingen der Stadt zu, und jede trug einen schweren Korb mit Obst. Der Weg war lang, und Anna fing bald an zu murren und zu seufzen über ihre Last; Martha aber lachte und scherzte.

„Wie kannst du nur so fröhlich sein?" sagte Anna. „Dein Korb ist so schwer wie der meinige, und du bist um nichts stärker als ich." — „Ja," sagte Martha, „ich habe zu meiner Last ein gewisses Kräutlein gelegt, das macht, daß ich die Last kaum fühle." — „Ei," sagte Anna, „das muß ja ein kostbares Kräutlein sein. Sage mir doch, wie man's heißt und wo man's holt?" — „Das Kräutlein," sagte Martha, „wächst überall, wo man es nur auf-

9. Pflanzen.

Hafer, Nelken, Weizen, Linden,
Erlen, Tannen, Gartenwinden,
Veilchen, Korn, Levkoje, Bohnen,
Jelänger-Jelieber, Aurikel, Melonen,
Weiden, Fichten und Gerste, Salat,
Eiche, Hirse, Kartoffeln, Spinat,
Narzissen, Mohn, Melissen, Jasmin,
Hyacinthen, Tulpen und Rosmarin,
Kohlrabi, Wachholder, Senf, Gurken und Linsen,
Till, Kümmel, Anis, auch Nessel und Binsen;
Johannisbeer-, Himbeer- und Stachelbeerstrauch,
Hollunder und Rosen, auch Zwiebeln und Lauch,
Hanf, Weinstock, Aepfel und Pastinak,
Lein, Sellerie, Meerrettig, Spargel, Tabak,
Klee, Preißelbeer, Erbsen und Majoran,
Kohl, Birnbaum, Rüben und Thymian.

10. Die Kornähren.

Ein Landmann ging mit seinem kleinen Sohne auf den Acker hinaus, um zu sehen, ob das Korn bald reif sei. „Sieh, Vater," sagte der unerfahrene Knabe, „wie aufrecht einige Halme den Kopf tragen, diese müssen wohl recht vornehm sein; die andern, die sich so tief vor ihnen bücken, sind gewiß viel schlechter." Der Vater pflückte ein Paar Aehren ab und sprach: „Thörichtes Kind, da sieh einmal! Diese Aehre hier, die sich so stolz in die Höhe streckte, ist ganz taub und leer; diese aber, die sich so bescheiden neigte, ist voll der schönsten Körner."

Trägt einer gar zu hoch den Kopf,
So ist er wohl ein eitler Tropf.

Chr. Schmid.

11. Landleben.

Ihr Städter, sucht ihr Freude, so geht auf's Land hinaus;
Seht, Garten, Feld und Weide umgrünen jedes Haus.
Kein reicher Mann verbauet dort Mond- und Sonnenschein,
Und Abends überschauet man jedes Sternelein.

Dort seht, wie Gott den Segen aus reichen Händen streut,
Wie Sonnenschein und Regen dort Wald und Flur erneut;
Dort blüh'n des Gartens Bäume, dort wallt das grüne Feld,
Dort singen in dem Haine die Vögel ohne Geld.

Die rasche Arbeit würzet dem Landmann seine Kost,
Und Lust und Freude kürzet die Zeit bei Hitz' und Frost.
D'rum wollt ihr Freude schauen, so wallet Hand in Hand,
Ihr Herren und ihr Frauen, und geht hinaus auf's Land.

12. Der Wiederhall.

Der kleine Georg wußte noch nichts vom Wiederhall. Einmal schrie er nun auf der Wiese: „Ho, hopp!" Sogleich rief's im nahen Wäldchen auch: „Ho, hopp!" Er rief hierauf verwundert: „Wer bist du?" Die Stimme rief auch: „Wer bist du?" Er schrie: „Dummer Junge!"—„Dummer Junge!" hallte es aus dem Wäldchen zurück. Jetzt ward Georg ärgerlich und rief immer ärgere Schimpfnamen in den Wald hinein. Alle hallten getreulich wieder zurück. Er suchte den vermeinten Knaben im ganzen Wäldchen, um sich an ihm zu rächen, konnte aber Niemand finden. Hierauf lief Georg heim und klagte es der Mutter, wie ein böser Bube sich im Wäldchen versteckt und ihn geschimpft habe. Die Mutter sprach: „Diesmal hast du dich recht verrathen und selbst angeklagt. Wisse, du hast nichts vernommen, als deine eigenen Worte. Denn wie du dein Gesicht schon öfters im Wasser gesehen hast, so hast du jetzt deine Stimme im Walde gehört. Hättest du ein freundliches Wort hineingerufen, so wäre dir auch ein freundliches Wort zurückgekommen. So geht es aber immer: Das Betragen Anderer ist nur der Wiederhall des unsrigen. Begegnen wir den Leuten freundlich, so werden sie auch uns freundlich begegnen; sind wir aber gegen sie rauh und grob, so dürfen wir auch von ihnen nichts besseres erwarten.“

Wie du hinein rufst in den Wald,
Die Stimme dir entgegenschallt.

13. Kind und Wind.

„Lieber Wind, komm geschwind, hilf mir da das Bäumlein schütteln; ich vermag es nicht zu rütteln.“

Spricht der Wind: „Liebes Kind, wirst mich erst zuvor belehren, ob die Äpfel dir gehören.“

Wind das Kind recht geschwind, und der Wind zieht's ohne Hehlen fort und brummt: „Du sollst nicht stehlen.“

14. Die Eichel und der Kürbiß.

Ein Bauer, Namens Gernklug, lag in dem Schatten einer Eiche. Er betrachtete eine Kürbißstaude an dem nahen Gartenzaune. Da schüttelte er den Kopf und sagte: Hm! hm! das gefällt mir nicht! Die kleine Staude dort trägt so große, prächtige Früchte; der große Eichbaum hier bringt aber nur so kleine Früchte hervor. Wenn ich die Welt erschaffen hätte, so hätte mir der Eichbaum lauter ganz große Kürbisse tragen müssen; das wäre dann eine Pracht zum Ansehen gewesen!

Kaum hatte er dieses gesagt, so fiel ihm eine Eichel vom Baume so stark auf die Nase, daß sie blutete. O weh! rief jetzt der kluge Mann; da habe ich für meine Naseweisheit einen derben Nasenstüber bekommen. Wenn diese Eichel aber ein Kürbiß gewesen wäre, so hätte er mir nicht nur die Nase, sondern gar den ganzen Kopf zerschmettert. Künftig will ich immer denken:

Mit Weisheit und mit Wohlbedacht
Hat Gott die ganze Welt gemacht.

Nach Chr. Schmid.

15. Geräthe.

Tische, Stühle, Schemel, Bänke,
Betten, Spiegel, Kasten, Schränke,
Schüsseln, Teller, Gabeln, Messer,
Löffel, Gläser, Quirle, Fässer,
Kübel, Flaschen, Stöpsel, Kannen,
Kessel, Tiegel, Kachel, Pfannen,
Tonnen, Schachteln, Krüge, Näpfe,
Mörser, Trichter, Rührfaß, Töpfe,
Hammer, Bohrer, Aexte, Beile,
Hobel, Säge, Zirkel, Feile,
Haken, Leitern, Körbe, Tragen,
Karren, Pflüge, Eggen, Wagen,
Krippen, Raufen, Striegel, Schellen
Und Geschirre in den Ställen;
Scheeren, Faden, Nadelkissen,
Uhren, um die Zeit zu wissen,
Wenn die kleinen muntern Knaben
Ihre Zeit zur Schule haben;
Spindeln, Kunkeln und auch Rädchen
Für die lieben, fleiß'gen Mädchen.

16. Räthsel.

1. Ich kenne ein Thier, das ein ganzes Haus auf dem Rücken trägt. Es kommt bisweilen aus dem Haus heraus und ist doch stets zu Hause. Wie heißt doch dieses Thier?

2. Lebendig bin ich schwarz, und wehre mich mit Scheeren, sied' mich im Wasser roth, so kannst du mich verzehren.

3. Oben spitzig, unten breit, durch und durch voll Süßigkeit; weiß am Körper, blau am Kleid, kleiner Kinder große Freud'.

4. Es sind zwei Fenster, die man trägt, doch jedes sich von selbst bewegt. Man sieht durch sie wohl in das Haus, jedoch noch mehr sieht man heraus.

5. Wer meine Früchte will genießen, der suche sie auf meinen Zweigen nie; er findet sie, wenn er den Stamm umgräbt, nur unter meinen Füßen.

6. Erst weiß wie Schnee; dann grün wie Klee; dann roth wie Blut: schmeckt allen Kindern gut.

7. Ich rede ohne Zunge, ich schreie ohne Lunge, ich nehme Theil an Freud' und Schmerz und habe doch kein Herz.

8. Es wächst im Gärtlein, hat grüne Röhrlein, hat viele Häute, beißt alle Leute.

9. Füße hab' ich nur zum Stehen, ich gebrauch' sie nicht zum Gehen, und auf meinem Schooß hast du bei so mancher Arbeit Ruh'.

10. Der es macht, der will es nicht; der es trägt, behält es nicht; der es kauft, gebraucht es nicht; der es hat, der weiß es nicht.

17. Der Bär und die Bienen.

In Polen brummt ein wilder Bär;
Ihr Bienen, gebt mir den Honig her!
Ich bin so groß und ihr so klein,
Ihr sollt mir wahrlich nicht hinderlich sein.
Und eh' die Bienen sich's versah'n,
So klettert der Bär den Baum hinan;
Er klammert sich fest und brummt und brummt.
Das Bienchen summt, das Bienchen summt.
Ihr Bienen, gebt mir den Honig her!
Es wird nichts d'raus, Herr Bär, Herr Bär!
Der Bär steckt schon die Nase hinein:
Weg da, ihr Bienen, der Honig ist mein!
Die Bienen stachen frisch d'rauf los:
Sind wir gleich klein und du bist groß,

Doch soll's deiner Nase gar schlimm ergeh'n,
Läßt du nicht gleich den Bienenstock steh'n!
Der Bär wird bös. Es hilft Alles nicht.
Er knurrt und brummt; das Bienchen sticht.
Wie juckt's ihm auf Zunge, auf Nase und Ohr!
Er muß entlaufen, der arme Thor!
Die Bienchen jubelten summ, summ, summ;
Der Bär, der knurrte brumm, brumm, brumm.
Und als er floh, rief's Bienchen ihm zu:
Soll's dich nicht jucken, laß And're in Ruh'!

Dinter.

18. Der tapfere Reiter.

Die Bienlein sind fleißige und uns Menschen sehr nützliche Insekten. Wie ein jedes für sich und doch wieder alle in vereinter Thätigkeit so unermüdet mit fröhlichem Summen den Honig eintragen, zeigen sie ein recht schönes Bild des einzelnen und vereinten Fleißes, und sie wollen dir mit ihrem Summ Summ sagen, daß Arbeit das Leben süß und nicht zur Last mache, und daß auch Kinder schon sich nützlich machen und doch dabei, ja sogar nur dabei—recht lustig und fröhlich sein können.

Die Bienlein halten aber auch in der Noth recht treu zusammen, und wenn eins von ihnen vom Feinde angefallen wird, kommen die andern schnell zu Hülfe. Das hat auch einmal ein Reiter erfahren, aber erzählen konnte er die Geschichte nicht mehr; Andere, die zugesehen, erzählten's. Es war in Feindesland, im Kriege also, wo die Soldaten in ein Dorf kamen und plündern und rauben wollten. Nirgends aber war mehr etwas zu finden, denn andere Soldaten hatten schon aufgeräumt, nur ein Bienenstock stand noch unversehrt vor einem Hause im Garten. „Halt!" rief der Reiter seinen Kameraden zu, „da wollen wir uns Honigbrod holen," und ritt auf den Bienenstock los, in der Meinung, der Honig werde ihm gleich in den Mund laufen. Allein statt dessen kamen die Bienchen hervor und sahen sich um, wer ihr Haus umgeworfen habe. Natürlich entdeckten sie den langen Reiter auf seinem großen Pferde gleich, und eins stach ihn zum Lohne für seine Heldenthat tüchtig in die Hand, daß sie anschwoll. Der Reiter aber hieb nun mit seinem schweren Säbel auf den Bienenschwarm ein, um die Thierchen in die Flucht zu jagen. Allein je ärger er fuchtelte, desto mehr fielen die Bienen über ihn her, daß er mit sammt seinem Pferde im Augenblicke ganz schwarz bedeckt war. Als das seine Kameraden sahen, ritten sie in Angst davon und wollten nichts mehr von einem Honigbrod wissen. Der Reiter hat auch keins gegessen; er ist seinen Kameraden auch nicht nachgekommen, sondern mit seinem Pferde todt auf dem Platze vor dem Bienenstock liegen geblieben.

19. Dienerschaft.

Ich habe gute Dienerschaft;
Die Knechte heißen: Wohlgenossenschaft
Und Früh-zu-Bett und Auf-bei-Zeit,
Die Mägde: Ordnung, Reinlichkeit;
Durst, Hunger heißen Schenk und Koch.
Hab' auch zwei Kellnerinnen noch,
Genannt Gebet und gut Gewissen,
Die, bis ich schlaf', mich wiegen müssen.

20. Ich will nicht lügen.

Ein kleiner Knabe, Namens Georg, bekam einst von seinem Vater ein kleines Beil zum Geschenk. Das machte ihm viele Freude, und er spielte gern mit dem Beile, indem er Alles behackte, was ihm in den Weg kam.

An einem Morgen nun ging der Vater durch den Baumgarten, da gewahrte er mit Leidwesen, daß einer der schönsten jungen Kirschbäume, die ihm besonders lieb waren, fast umgehackt war. Erzürnt rief der

Vater seine Knechte herbei und fragte nach dem Thäter. Niemand wollte ihn nennen. Da kam der kleine Georg mit seinem Beile lustig daher gesprungen; sogleich ahnte der Vater, daß der Knabe den Baum beschädigt habe. Er rief daher: „Georg, weißt du, wer mir den schönen Kirschbaum da verdorben hat?"

Der Knabe schaute den Vater eine Weile an, und als er die Betrübniß in dessen Gesicht wahrnahm, sagte er: „Ich will nicht lügen, Vater! Ich habe mit meinem Beile daran gehackt."

Da wurde des Vaters strenges Gesicht freundlich und er sprach: „Du hast zwar Strafe verdient, aber deine Aufrichtigkeit ist mehr werth als hundert Kirschbäume. Ich verzeihe dir, weil du nicht gelogen hast. Halte es so dein ganzes Lebenlang und rede nie Anderes als die Wahrheit."

Der kleine Georg machte es so. In vielen Vorfällen seines Lebens bewies er, daß es ihm unmöglich sei, eine Lüge zu sagen.

Und dieser kleine Georg—was ist aus ihm geworden?

Unseres Landes erster Bürger und Feldherr, und wenn du seinen Namen nennst—er heißt Georg Washington!—so gedenke an diese Begebenheit und ahme ihm nach.

21. Der gute Mäher.

Früh ging ein Mäher mähen
Im Feld den reifen Klee,
Da schnitt er mit der Sense,
Hart an ein Nest—o weh!

D'rin lagen sieben Vögelein,
Sie lagen nackt und bloß;
O könntet ihr schon fliegen,
Und wäret ihr schon groß!

Dem Mäher that's so wehe,
Er sann wohl her und hin—
Da kam dem guten Mäher
Noch Hoffnung in den Sinn.

Er mähete bedächtlich
Weit um die Stelle her,
Trug seinen Klee von dannen
Und störte dann nicht mehr.

Die alten Vögel flogen
Nun wacker ab und zu,
Und fütterten die Kinder
In ungestörter Ruh'.

Bald wuchsen ihre Flügel,
Sie flogen dann davon;
Der Mäher aber fühlte
Im Herzen süßen Lohn.

Kamp.

22. Räthsel.

1. Die Wolke ist mein Mütterlein; der Wind, der soll mein Vater sein. Mein Söhnlein ist der kühle Bach, die Frucht folgt mir als Tochter nach. Ich bin des Regenbogens Bett, die Erd' ist meine Ruhestätt. Der Mensch der ist ein Plagegeist, der mich bald geh'n bald kommen heißt.

2. Ich weiß ein Paar, sind Mann und Weib, die haben beide einen Leib; sind älter als die Männer und Frauen, die je die Sonne mocht' beschauen. Das Weib ist schwarz, der Mann ist weiß; sie voller Schlafs, er voller Fleiß. D'rum können sie sich nicht vergleichen; kommt eins, so muß das andre weichen. Mehr helle Augen hat die Frau, als in dem Hof der stolze Pfau. Viel tausend Lichter man hier findet, viel Fackeln werden angezündet; doch sieht sie minder als der Mann, der nur Ein Auge brauchen kann.

23. Vom Mäuslein.

Die Köchin spricht zum Koch:
Fang' mir das Mäuslein doch!
Es ist Nichts sicher in Küch' und Keller,
Weder in der Schüssel, noch auf dem Teller.
Wo was liegt, da frißt es,
Wo's was riecht, da ißt es;
Wo ein Braten dampft,
Kommt das Mäuslein und mampft.
In den Küchenkasten hat es gebissen ein Loch,
Komm, fang' mir das Mäuslein doch,
Und jag' es wieder in die Felder
Oder in die Wälder!
Da macht der Koch ein Gesicht und spricht:
Mäuslein, Mäuslein, bleib' in deinem Häuslein!
Nimm dich in Nacht heut' Nacht!
Mach' auch kein Geräusch,
Und stiehl nicht mehr das Fleisch,
Sonst wirst du gefangen und aufgehangen!

Der Koch aber deckt zu alle Schüsseln und
Stellt auf die Falle hinten im Eck
Und thut hinein den Speck;
Sperrt die Küche zu, geht und legt sich zur Ruh'.
Das Mäuslein aber ist ruhig
Und spricht: Was er sagt, thu' ich.
Aber es hat nicht lange gedauert,
Kommt schon das Mäuslein und lauert
Und spricht: Wie riecht der Speck so gut!
Wer weiß, ob's was thut?
Nur ein wenig möcht' ich beißen;
Nur ein wenig möcht' ich speisen.
Einmal ist keinmal!
So spricht fein Mäuslein und schleicht
Bis es die Falle erreicht;
Es duckt und buckt sich,
Ringelt das Schwänzlein
Wie ein Kränzlein,
Setzt sich in's Eck und ergötzt sich am Speck.
Reißt, beißt und speist.
Platsch! thut's einen Knall,
Und—zu ist die Fall'!
Das Mäuslein zittert vor Schrecken
Und möcht' sich verstecken.
Aber wo es will hinaus,
Ist zugesperrt das Haus.
Es pfeift und zappelt,
Es kneift und krabbelt.
Ueberall ist ein Gitter, und das ist bitter;
Ueberall ist ein Draht, und das ist schad'.
Leider! kann's Mäuslein nicht weiter;
Wär's nur gewesen gescheidter!
Endlich wird es Morgen,
Da kommt die Köchin und will besorgen
Den Kaffee und den Thee.

Da sieht sie, was vorgegangen,
Und wie das Mäuslein ist gefangen.
Ganz sacht schleicht sie hin und lacht:
Haben wir endlich erhascht
Das Mäuslein, das immer genascht?
Siehst du: Einmal ist nicht keinmal.
Wärst du geblieben in deinem Loch,
Gefangen hätte dich nicht der Koch!

Fr. Güll.

24. Lerne warten.

Das Schwesterchen hatte warten gelernt, aber das Brüderchen nicht. Einst kamen sie in einen Garten voll halbreifer Johannisbeeren. Da sagte das Schwesterchen: „Laß uns warten, bis sie reif sind, dann wollen wir wieder hierher gehen und sie essen.“ Das Brüderchen aber folgte nicht, sondern aß so lange bis es Leibweh bekam. Da lief es mit großen Schmerzen nach Hause, und das Schwesterchen mußte ihm Kamillenthee kochen und ein Pflästerchen auflegen, sonst wäre das Brüderchen gestorben.

Wieder einmal waren die beiden im Felde gewesen, und es war ihnen so heiß geworden, daß der Schweiß auf ihnen stand. Da kamen sie an ein frisches, klares Wässerchen und sahen, daß es gut zum Trinken war. Das Brüderchen wollte sich gleich darüber her machen; aber das Schwesterchen sagte: „Nein, liebes Brüderchen, noch nicht! Warte noch ein wenig, bis du kühl bist. Ich trinke ja auch nicht eher.“ Allein das Brüderchen war eigensinnig und trank, so viel ihm nur schmeckte. Doch ehe sie nach Hause kamen, wurde es plötzlich krank und mußte auf dem Felde liegen bleiben. Das Schwesterchen lief eilends nach Hause und brachte ihm Hülfe. Der Arzt machte auch endlich das Brüderchen wieder gesund; allein es mußte lange im Bette liegen, viel bittere Arznei einnehmen und viele Schmerzen leiden.

Nun, glaubte das Schwesterchen, habe das unvorsichtige Brüderchen doch endlich warten gelernt. Aber als der Winter kam und das Wasser zufror, da wollte das Brüderchen doch wieder auf das Eis gehen, ehe es noch fest gefroren war. Da sagte das Schwesterchen:

„Liebes Brüderchen, ich bitte dich, warte nur noch einen einzigen Tag, dann wollen wir zusammen auf das Eis gehen." Aber das Brüderchen folgte ihm auch diesmal nicht. Es ging fort auf das dünne Eis, brach ein und ertrank. Als es endlich herausgefischt wurde, da weinte das Schwesterchen bitterlich und sprach: „Ach, wenn mein Brüderchen doch nur ein klein wenig warten gelernt hätte, so wäre dies Unglück nicht passirt; dann wäre mein Brüderchen nicht todt, und ich müßte nicht allein sein."

25. Reinheit.

Auf dem Dach die Flügelein
Putzet sich die Taube;
Kätzchen leckt das Pfötchen fein,
Wäscht sich rein vom Staube.

Schwalb' und Krähe, Huhn und Gans
Baden ihr Gefieder;
Wonnig in der Wellen Glanz
Taucht das Roß die Glieder.

Was da lebt in Flur und Au,
Kennt der Reinheit Segen;
Blümlein badet sich im Thau,
Und der Baum im Regen.

26. Zweierlei Wege.

Karl besuchte seinen Schulkameraden Ernst an einem Vakanznachmittage. „Es ist so prächtiges Frühlingswetter," sagte Karl, „komm Ernst, wir wollen einen Spaziergang in's Freie machen."—„Ganz recht," antwortete Ernst, „ich bin dabei, wenn es meine Eltern erlauben." Und da die Eltern nichts dagegen einzuwenden hatten, gingen beide Knaben hinaus vor die Stadt in's Freie. Als sie eine Strecke weit gegangen waren, sagte Karl: „Sieh dort, Ernst, der große Garten linker Hand gehört meinem Nachbar, dem Gerber. Er hat einen Kirschbaum daselbst, der voll schwarzer Kirschen hängt. Wir wollen hinaufsteigen und uns satt essen; erwischen wird uns Niemand, denn der Gerber ist heute mit seiner Familie verreist; sollte aber zufällig jemand Anders am Garten vorbeigehen und uns sehen, so sage ich, der Nachbar habe mir Erlaubniß gegeben."

Ernst besann sich eine kleine Weile über diesen Vorschlag, dann sagte er kurz weg: „Ich habe keine Lust dazu; allein dort im nahen Wäldchen weiß ich ein prächtiges Erdbeerplätzchen, dahin werde ich jetzt gehen. Willst du mich begleiten, so ist es mir lieb; es gibt für dich und mich genug zu sammeln, und an den süßen Erdbeeren können wir uns auch satt essen."—„Hm!" sagte Karl, „Erdbeeren sind eben doch keine Kirschen;—ich gehe in die Kirschen!"

Die Knaben trennten sich, und ein jeder that, wie er gesagt hatte.—Kaum saß Karl in den Zweigen des Kirschbaumes fest, so kam schon ein Mann am Garten vorbeigegangen. Karl verhielt sich ganz ruhig und hatte Sorge, daß die Zweige nicht rauschten und ihn verriethen. Aber der Mann bemerkte den Knaben doch. „Was machst du droben?" rief er, indem er stehen blieb. Karl stotterte: „Ich—ich—hab—e—

E—rla—ubniß.“—„Komm einmal herunter,“ befahl der Mann, „daß ich dich kennen lerne!“ Karl kroch hervor aus den Zweigen und zeigte sich dem Manne. „So,“ sagte der Mann, „du bist des Färbers Karl; gut! mach' nur fort; deinen Nachbar Gerber aber will ich doch fragen, ob er dir wirklich Erlaubniß gegeben hat.“—Der Mann ging fort; aber Karl hatte wenig Lust mehr zum Kirschenessen. Er kletterte wieder vom Baume herab, schlich fort aus dem Garten und ging den ganzen Tag traurig und niedergeschlagen umher. Der Kamerad Ernst saß indeß fröhlichen Herzens im Wäldchen und aß mit Lust die reifen Erdbeeren; auch pflückte er noch einen großen Strauß davon und brachte ihn am Abend seinen Geschwistern nach Hause, die eine herzliche Freude am Erdbeerstrauße hatten und ihrem Bruder für die schöne Gabe fröhlichen Dank sagten. Ernst war von seinem Spaziergang müde; er legte sich darum bald zu Bette und schlief gesund ein. Karl ging auch bald in's Bett; allein die Unruhe in seinem Herzen ließ ihn wenig schlafen. Am Morgen kam auch richtig der Nachbar Gerber in Karl's Haus und klagte seinen Eltern, daß ihr Sohn gestern in seinen Garten gestiegen und Kirschen gestohlen habe. Karl konnte die böse That nicht läugnen und wurde dafür hart bestraft.

27. Sonnenaufgang.

Verschwunden ist die finstre Nacht,
Die Lerche schlägt, der Tag erwacht,
Die Sonne ist mit Prangen
Am Himmel aufgegangen.

Sie scheint in König's Prunkgemach,
Sie scheinet durch des Bettlers Dach;
Und was in Nacht verborgen war,
Das macht sie kund und offenbar.

Lob sei dem Herrn und Dank gebracht,
Der über jedes Haus gewacht,
Mit seinen heil'gen Schaaren
Uns gnädig wollt' bewahren.

Wohl Mancher schloß die Augen schwer
Und öffnet sie dem Licht nicht mehr;
D'rum freue sich, wer neu belebt
Den frischen Blick zur Sonne hebt.

Fr. Schiller.

28. Der Regenbogen.

Nach einem fruchtbaren Gewitter erschien ein lieblicher Regenbogen am Himmel. Der kleine Heinrich sah eben zum Fenster hinaus und rief voll Freude: „Solche wunderschöne Farben habe ich in meinem Leben noch nicht gesehen. Dort bei dem alten Weidenbaume am Bache reichen sie aus den Wolken bis auf die Erde herab. Gewiß tröpfeln alle Blättlein des Baumes von den schönen Farben. Ich will eilends hin und alle Muschelschaalen in meinem Farbekästlein damit füllen."

Er sprang, so schnell er konnte, dem Weidenbaume zu; allein zu seinem Erstaunen stand der arme Kleine nur im Regen da und ward nicht das Geringste von einer Farbe gewahr. Ganz durchnäßt vom Regen ging er traurig wieder heim und klagte sein Mißgeschick dem Vater.

Der Vater lächelte und sprach: „Diese Farben lassen sich in keine Schaale auffassen; die Regentropfen scheinen nur im Glanze der Sonne einige Augenblicke so schön gefärbt. Diese schöne Farbenpracht aber ist nichts Wirkliches und hat keinen Bestand. Und so, liebes Kind, ist es mit aller Herrlichkeit der Welt; sie dünkt uns etwas zu sein, aber ist nur eitler Schein. Darum:

Laß dich vom Scheine nicht betrügen,
Sonst kehrt in Schmerz sich das Vergnügen."

Chr. Schmid.

29. Sonnenuntergang.

Wie geht so klar und munter
Die liebe Sonne unter!
Wie schaut sie uns so freundlich an
Von ihrer hohen Himmelsbahn;

Sie läuft den Weg behende
Vom Anfang bis zum Ende,
Erfüllt und wärmt die ganze Welt
Aus ihrem himmlischen Gezelt.

Das ist so ihre Weise;
Sie zeuget still und leise:
Wer flink am Tage Gutes thut,
Dem ist am Abend wohl zu Muth.

Auf allen ihren Wegen
Ist lauter Heil und Segen;
Dann schließt sie freundlich ihre Bahn
Und lächelt uns noch einmal an.

30 Der Ranzen.

Zwei Männer, Franz und Richard, trafen sich auf dem Wege. Franz trug einen wohlgefüllten Ranzen auf dem Rücken. Unterwegs redete er beständig von den Fehlern anderer Menschen; von seinen eigenen Fehlern aber schwieg er mäuschenstill. Da sagte endlich Richard: „Du hast, wie es scheint, alle fremden Fehler in den vordern Theil deines Ranzens gethan, um sie immer vor Augen zu haben und sie tadeln zu können; deine eigenen Fehler aber hast du auf deinen Rücken geworfen, damit sie dir aus den Augen kommen. Kehre einmal den Sack um, das wird dir nützlicher sein.

Wer eigene Fehler bessert, ist ein weiser Mann; ein Thor nimmt sich nur fremder Fehler an. Chr. Schmid.

31. Das Gewissen.

Das Knäblein schleicht an Hecken und Zäunen still vorbei, als wollt' es sich verstecken, als fühlt' es Angst und Reu'.

Was hat es wohl zu klagen und geht so müd' und matt? „Das will ich dir wohl sagen: Weil's ein Gewissen hat!"

Das Knäblein ein Gewissen? Das dünkt mir spaßhaft schier! Warum hat's denn gerissen den Ast vom Baume hier?

Warum hat's denn mit Lachen die Pflaumen d'ran verspeist? Das sind mir saub're Sachen, wenn das Gewissen heißt!

„Nun wohl! Als es gezogen am Aste ohne Scheu, da hat's noch nicht erwogen, daß es ein Unrecht sei."

„Und auch als es gegessen, da hat es noch gelacht; doch ist ihm unterdessen 's Gewissen laut erwacht."

„D'rum schleicht es so an Hecken und Zäunen still vorbei, d'rum will es sich verstecken, d'rum fühlt es Angst und Reu'."

„So geht es manchem Kinde: schläft sein Gewissen ein, so handelt es geschwinde, nachher hat's Noth und Pein."

„D'rum sei doch wohl beflissen, befolge meinen Rath, und wecke dein Gewissen, eh'r früher als zu spat!"

32. Vom Bäumlein, das andere Blätter hat gewollt.

Es ist ein Bäumlein gestanden im Wald, in gutem und bösem Wetter; das hat von unten bis oben nur Nadeln gehabt statt Blätter. Die Nadeln—die haben gestochen, das Bäumlein—das hat gesprochen: „Alle meine Kameraden haben schöne Blätter an, und ich habe nur Nadeln; Niemand rührt mich an. Dürft' ich mir wünschen, wie ich wollt', wünscht' ich mir Blätter von lauter Gold."

Wie's Nacht ist, schläft das Bäumlein ein, und früh ist's aufgewacht: da hatt' es gold'ne Blätter fein, das war eine Pracht. Das Bäumlein spricht: „Nun bin ich stolz, gold'ne Blätter hat kein Baum im Holz."

Aber wie es Abend ward, ging ein Mann durch den Wald, mit großem Sack und großem Bart. Der sieht die gold'nen Blätter bald; er steckt sie ein, geht eilends fort und läßt das leere Bäumlein dort.

Das Bäumlein spricht mit Thränen: „Die gold'nen Blättlein dauern mich; ich muß vor den Andern mich schämen, sie tragen so schönes Laub an sich. Dürft' ich mir wünschen noch etwas, wünscht' ich mir Blätter von hellem Glas."

Da schlief das Bäumlein wieder ein, und früh ist's wieder aufgewacht; da hatt' es gläserne Blättlein fein, das war eine Pracht. Das Bäumlein spricht: „Nun bin ich froh; kein Baum im Walde glänzet so."

Da kam ein großer Wirbelwind mit einem argen Wetter; der fährt durch alle Bäume geschwind, und kommt an die gläsernen Blätter: da lagen die Blätter von Glase zerbrochen in dem Grase.

Das Bäumlein spricht mit Trauern: „Mein Glas liegt in dem Staub! Die andern Bäume d a u e r n mit ihrem grünen Laub. Wenn ich mir noch was wünschen soll, wünsch' ich mir g r ü n e Blätter wohl."

Da schlief das Bäumlein wieder ein, und wieder früh ist's aufgewacht; da hatt' es grüne Blätter fein. Das Bäumlein lacht—und spricht: „Nun hab' ich doch Blätter auch, daß ich mich nicht zu schämen brauch'."

Da kommt mit vollem Euter die alte Geis gesprungen; sie sucht sich Gras und Kräuter für ihre Jungen; sie sieht das Laub und fragt nicht viel, sie frißt es ab mit Stumpf und Stiel.

Da war das Bäumlein wieder leer. Es spricht nun zu sich selber: „Ich begehre nun keine Blätter mehr, weder grüner, noch rother, noch gelber; hätt' ich nur meine Nadeln, ich wollte sie nicht tadeln."

Und traurig schlief das Bäumlein ein, und traurig ist es aufgewacht; da besieht es sich im Sonnenschein und lacht und lacht!— Alle Bäume lachen's aus; das Bäumlein macht sich nichts daraus.

Warum hat's Bäumlein denn gelacht, und warum denn seine Kameraden?—Es hat bekommen in Einer Nacht wieder alle seine Nadeln, daß Jedermann es sehen kann. Geh' 'naus, sieh's an, doch rühr's nicht an!

Fr. Rückert.

33. Sprichwörter.

1. An vielem Lachen erkennt man einen Narren. 2. Besser arm in Ehren, als reich in Schande. 3. Besser Unrecht leiden, als Unrecht thun. 4. Der Apfel fällt nicht weit vom Stamme. 5. Der Schein trügt. 6. Ein gutes Wort findet einen guten Ort. 7. Friede ernährt, Unfriede verzehrt. 8. Gleich und Gleich gesellt sich gern. 9. Hochmuth kommt vor dem Fall. 10. Hunger ist der beste Koch. 11. Kommt Zeit, kommt Rath. 12. Müßiggang ist aller Laster Anfang. 13. Stille Wasser gründen tief. 14. Thue Recht, scheue Niemand. 15. Viel Köpfe, viel Sinne. 16. Wie die Arbeit, so der Lohn. 17. Womit man sündigt, damit wird man gestraft. 18. Wie man's treibt, so geht's. 19. Wer Pech angreift, besudelt sich.

34. Denksprüche.

1. Auf gute Lehren soll man hören. 2. Ein gutes Kind gehorcht geschwind. 3. Beim Eigensinn ist kein Gewinn. 4. Ein frohes Herz, gesundes Blut, ist besser als viel Geld und Gut. 5. Das Naschen führt zu Dieberei, bringt Schande, Schmerz und bitt're Reu'. 6. Lerne Ordnung, liebe sie; Ordnung spart dir Zeit und Müh'. 7. Der Schneeball und das böse Wort, sie wachsen immer rollend fort. 8. Sei fromm und still, red' wenig und hör' viel. 9. Mancher weiß nicht, daß er's kann; wenn er's übet, geht es an. 10. Besser allein, als in böser Gemein'. 11. Vor fremdem Gut bewahre deine Hände, sonst nimmt's gewiß einmal ein schlechtes Ende. 12. Die Jugend ist die Zeit der Saat, das Alter erntet Früchte; wer jung nicht, was er sollte, that, deß Hoffnung wird zu nichte. 13. Trink' und iß; des Armen nicht vergiß. 14. Gesell' dich einem Bessern zu, daß mit ihm deine Kräfte ringen; wer selbst nicht weiter ist als du, der kann dich auch nicht weiter bringen. 15. Ohr und Auge sind die Fenster, und der Mund die Thür' in's Haus; sind sie alle wohl verwahret, geht nichts Böses ein und aus.

35. Das Goldlaibchen.

Drei Kinder aus dem Dorfe zieh'n
Zum hohen Bergesgipfel hin,
Wo ernste, dunkle Fichten ragen
Und leise sich Geschichten sagen
Von Geister-Männchen klein und grau,
Die aus dem Bergesschooße steigen
Und sich bald mild, bald ernst und rauh
Den bang erstaunten Menschen zeigen.

Das Mädchen und das Knabenpaar,
Mit ihrer kleinen Lämmerschaar,
Dort heut' als Waldesgäste hausen
In munterm Scherz und schaurig Grausen;
Denn Alles, was sie je gehört
Erzählen in der Abendstunde,
Was oft den jungen Sinn bethört,—
Fließt heute aus dem Kindermunde.

Da plötzlich nun mit leisem Schritt
Ein Männchen in die Nähe tritt,
Und neigt mit freundlich lieben Mienen
Sich stille lauschend hin zu ihnen.
Ihr kindlich Plaudern ihm gefällt;
Und wie die Kleinen endlich enden,
Er freundlich sich dazu gesellt,
Drei Laibchen Brod in seinen Händen.

„Nehmt hin das Brod," er also spricht;
„Verachtet, was ich biete, nicht!
Unscheinbar ist die kleine Gabe,
Doch ist es Alles, was ich habe."
D'rauf grüßt er freundlich noch zurück
Und gehet eilig seiner Wege;
Bald ist entschwunden ihrem Blick
Er in dem dichten Waldgehäge.

Die beiden Knaben lachen laut,
Und Einer an den Andern schaut;
In thöricht üppigem Verachten
Sie nicht des Männleins Gabe achten.
Da nimmt der Erste seinen Laib
Und wirft ihn auf den Boden munter;
Juchhe! das ist ein Zeitvertreib!
Denn lustig rollet er hinunter.

Der Zweite sieht's; er jauchzet auf
Und ruft: „Halt ein in deinem Lauf!
Das meine möchte mit dir gehen
Und nach dem grauen Männchen sehen!"
Und bei dem letztgesprochnen Wort
Wirft er sein Laibchen auf die Erde;
Das rollt hinab und hüpfet fort,
Dem ersten nach als Reis'gefährte.

Das kleine Mädchen aber schmollt;
In's Schürzchen es sein Laibchen rollt,
Es bringend zu dem Elternhause
Voll Herzenslust zum Abendschmause;
Still dankend jenem guten Mann,
Ihm sprechend einen frommen Segen.
Doch Wunder! wie sie's schneidet an—
Winkt ihr ein Klumpen Gold entgegen!—

O merkt es euch, ihr Kinderlein,
Und lernt für Alles dankbar sein!
Wer kleine Gaben kann verachten,
Ist nicht der großen werth zu achten.
Ein undankbarer, roher Sinn
Kann nimmermehr gesegnet werden;
Dem zarten Herzen blüht Gewinn
Im Himmel einst und schon auf Erden.

Isabella Braun.

36. Das Aehrenfeld.

Lustig wogendes Aehrenfeld!
Kommst mir vor wie die junge Welt
In der Schule gedrängtem Raum,
Bietend Jedem ein Plätzchen kaum.

Wenn die herbstliche Zeit sich naht,
Streuet der Sämann die köstliche Saat,
Und zur selbigen Zeit besät
Auch der Lehrer des Geistes Beet.
Sonne und Regen, Eis und Schnee,
Lächeln und Thränen, Ernst und Weh
Wechseln für Beide in Jahresfrist,
Daß ein rechtes Gedeihen ist.

Manche Monde, sie fliegen dahin,
Scheint's doch, nichts regt sich im Boden [d'rin;
Und im kindlichen Geist und Gemüth
Nicht die Lehre zur Blum' erblüht.
Endlich blicket die Sonne mild
Auf das öde, starre Gefild;
Sieh! da grünet das Feld; — und auf
Stehen die Keimchen in Halmes Hauf.

In der Schule, im Kinderkreis,
Regt sich das Wissen allmächtig, leis;
Geistesstrahlen brechen hervor,
Sprengen das lang verschloss'ne Thor.
Und es reget sich da und dort
Halm und Aehre, Gedanke und Wort.
O wie selig der Sämann blickt!
O wie fröhlich der Lehrer nickt! —

Aber wie heiß, wie schwül und schwer
Werden die Lüfte doch immer mehr!
Durstig und müde und schlafesmatt
Jeglicher Halm sich geneiget hat.
Auch die Kindlein im engen Raum
Halten die Köpfe gerade kaum;
Eingewieget das Denken ruht,
Und ermattet durch Sonnenglut. —

Horch! da regt sich des Donners Laut!
Drohend die Wolke herniederschaut:
Aus des Aethers verdunkeltem Schoos
Bricht das wilde Gewitter los.
Aber welch' Segen, welch' süßer Duft
Füllet nach seinem Toben die Luft!
Frisches Gedeihen mit Allgewalt
In den reifenden Aehren wallt.

Auch die Stirne des Lehrers trägt
Wolkenschichten — ein Sturm sich regt;
Und das donnernde Wort erbraust,
Daß es jeglichem Herzen graust.
Aber wie frisch, wie froh und rein
Werden davon die Kinderlein;
Muthig schreiten auf ihrer Bahn
Sie nach solchem Gewitter voran. —

In dem Felde die Fliege brummt,
Und die Bremse und Wespe summt;
Und die Grille zirpet und pfeift,
Und der bunte Schmetterling schweift.
In der Schule, wie summt es da!
Gleich als seien viel Fliegen nah.
Stille, ihr Kinder! thut eure Pflicht,
Artige Kinder, die brummen nicht.

In dem Felde, da glänzen hold
Schimmernde Farben durch Aehrengold;
Blümlein drängen sich in die Reih',
Daß das Schöne beim Guten sei.
Und im lieblichen Kinder-Rund
Geben sich Freuden wie Blumen kund,
Daß mit Wonne an jedem Tag
Sei gewürzet die Müh' und Plag'.

Zwischen die Aehren sich drängen hinein
Unkrauthalme in dichten Reih'n;
Machen sich breit, als ob das Feld
Einzig nur werde für sie bestellt.
Zwischen die braven Kinder auch
Drängen sich Kinder mit bösem Brauch.
O, ihr Kinder, so träg und wild,
Unkraut seid ihr im Schulgefild! —

Endlich nun naht sich die Erntezeit!
O, wie herrschet da Rührigkeit!
Hochbeladene Wagen zieh'n
Zu der harrenden Scheune hin.
Jubelnd die Stimme der Schnitter klingt,
Jeder Gebete dem Höchsten bringt.
Dank dem Höchsten, der aus der Saat
Segen und Glück gelocket hat.

Und zur nämlichen Zeit im Jahr
Feiert die rosige Kinderschaar
Prüfungsgeschmückt den Erntetag,
Holend sich Preise für Müh' und Plag.
Freude erfüllet der Eltern Herz,
Dankend blicken sie himmelwärts,
Daß der Höchste der Geistes-Saat
Reiches Gedeihen verliehen hat.

Isabella Braun.

Zahlzeichen oder Ziffern.

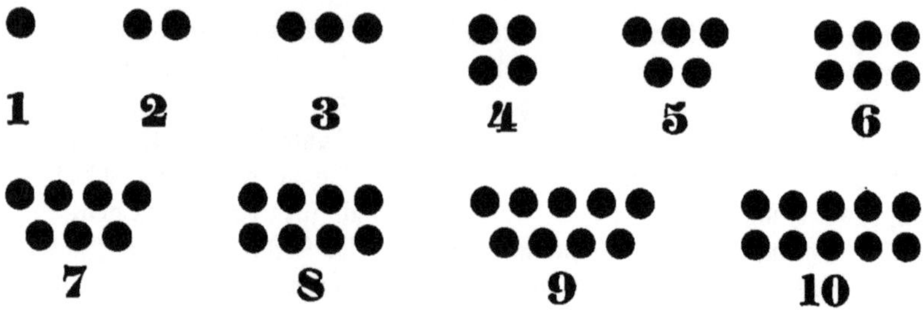

1 2 3 4 5 6

7 8 9 10

1	11	21	31	41	51	61	71	81	91
2	12	22	32	42	52	62	72	82	92
3	13	23	33	43	53	63	73	83	93
4	14	24	34	44	54	64	74	84	94
5	15	25	35	45	55	65	75	85	95
6	16	26	36	46	56	66	76	86	96
7	17	27	37	47	57	67	77	87	97
8	18	28	38	48	58	68	78	88	98
9	19	29	39	49	59	69	79	89	99
10	20	30	40	50	60	70	80	90	100

Rechentafel.

1	2	3	4	5	6	7	8	9	10
2	4	6	8	10	12	14	16	18	20
3	6	9	12	15	18	21	24	27	30
4	8	12	16	20	24	28	32	36	40
5	10	15	20	25	30	35	40	45	50
6	12	18	24	30	36	42	48	54	60
7	14	21	28	35	42	49	56	63	70
8	16	24	32	40	48	56	64	72	80
9	18	27	36	45	54	63	72	81	90
10	20	30	40	50	60	70	80	90	100

i u ü e o ö a ä ei eu ai au äu

i u ü e o ö a ä ei eu ai au äu

l b t ſ s st f r n m v w

l b t ſ s ſt f r n m v w

h c ch sch k p d g qu j z x

h c ch ſch k p d g qu j z x

A E I O U

A E I O U

Ae Oe Ue

Ae Oe Ue

B D G P T K Q R S F

B D G P T K Q R S F

L N M V W Z H C Y X

L N M V W Z H C Y X

a b c d e f g h i j k l

m n o p q r ſ s t u v w

x y z

A B C D E F G H I

K L M N O P Q R S

T U V W X Y Z

a b c d e f g h i j k l

m n o p q r s t u v w

x y z

A B C D E F G H I

J K L M N O P Q R

S T U V W X Y Z